売上予算必達のマネジメント

“売れない時代”に
売上利益拡大のキモ!

大塚直義 著

セルバ出版

はじめに

成熟経済が進み、〝モノ余り〟の時代を経て、今や〝モノ離れ〟の時代に入っています。さらには、人口減少により、多くの業界で市場縮小が始まっています。こうした厳しい経営環境の中で継続的に売上利益を伸ばしていくことは容易ではありません。経営のやり方を見直す必要があります。

私は中堅中小企業の経営者を支援して、業績を向上させる経営コンサルタントの仕事をしています。仕事を通して、多くの中堅中小企業の社長が会社経営に苦労されている様子を見てきました。ビジネス現場では事業責任者、管理者、職場リーダー、営業担当の方々が売上予算の達成、売上の拡大に苦労されています。

私は若い後継社長の支援を中心に行っていますので、彼らの苦労も知っています。後継社長は経営経験が少ない中で、難しい経営課題に直面しています。

課題とは、①経営環境の変化により、従来のビジネスモデルの見直し、戦略戦術の再構築が必要になっていること、②先代社長がカリスマ的リーダーシップで会社を引っ張ってきたのに対して、後継社長は経営の仕組みを整えて経営を進めていく必要があること、③社員のモチベーションを高め、組織を活性化していく必要があることなどです。まさに後継社長による第二創業が必要となっています。

後継社長を初めとして、経営者、ビジネスパーソンに突きつけられている課題は、「この厳しい経営環境の中で、どうしたら継続的に売上利益を拡大させていくことができるか?」ということだと思います。

この問いへの答えを、私なりに本書にまとめることができたと思っています。長年の経営実務経験と経営コンサルタントとしての経験で得られた、私の経営ノウハウや職場マネジメントのノウハウを本書に盛り込みました。

中堅中小企業の実態を見ると、多くの会社で経営の改革や職場マネジメントの改革を進める必要があると感じています。やり方を変えるといっても、難しいことをやろうというのではありません。むしろ、逆に、経営の基本、マネジメントの基本を徹底すべきです。

会社はヒトの集合体である組織ですので、組織成果を生み出すためには、目標と計画が必須です。会社経営の基本は、「目標を設定し、その目標を達成するための戦略戦術を考え、それを計画に落とし込み、全社員でその計画を実行して目標を達成する」と言うことに尽きます。会社という組織で成果を出すためには、予算を軸としたPDCAの仕組みが重要です。予算の仕組みが会社経営の根幹と言えるのです。

しかし、予算などの計画をつくっても、実現できるとは限りません。「計画をつくりさえすれば実現できる」のであれば、会社経営は至って簡単ですが、現実はそうではありません。

予算目標を必達させる種々の仕組みや仕掛けが必要となります。

本書では、予算必達のための、①予算目標の設定、②戦略戦術の立案、③実行計画(目標管理)

の作成、④予算計画の実行管理、⑤予算必達の意識づくりを中心に解説しています。

この中で、②戦略戦術の立案、④予算計画の実行管理、⑤予算必達の意識づくりについては、難易度も高く、重要ですので、多くのページを割きました。

私のコンサルティングの経験からは、予算などの計画系の仕組みが弱い会社は、社員がマイペースで仕事をしており、動きもバラバラで、組織的成果が上がらないという傾向があります。そうした会社には、計画系の仕組みを入れながら社員の意識改革を図るだけで、商品や戦略の面に手を入れなくとも、業績は上がってきます。

したがって、本書に書かれていることをすべて実行しないと業績が上がらないということではありません。

なお、本書では、会社経営を中心に論じていますが、職場マネジメントも本質は同じなので、管理者や職場リーダーの方は、そのように読み替えて読んでください。

是非、読者の方には、本書を読んで得られたヒントを会社経営や仕事に活かしていただきたいと思っています。皆様の会社の売上予算の達成、継続的な売上利益拡大の実現にお役に立てれば幸いです。

平成30年1月

大塚　直義

目次

第3章　予算は社長の夢を実現するためのツール

第4章　売上予算を達成するための戦略を持っているか

第7章 目標達成のための予算策定と実行管理の仕組み

第8章 社員の教育と予算必達の意識づくり

第1章　目標と計画は組織成果を上げるための必須ツール

この第1章では、中計や予算などの計画系の仕組みが弱い会社の実態や、トップアスリートが練習計画を立てて目標を達成していく姿を見ながら、会社組織における目標と計画の意味を考えていきます。

1　〝行き当たりばったり経営〟では業績は向上しない！

厳しい経営環境の下で苦しむ中小企業

皆さんの会社の業績はいかがでしょうか？

新聞を読んでいると、過去最高の利益を叩き出している企業が多くあることがわかります。しかし、そうした好業績の企業は、ほとんどが大企業です。日本経済の99％を占める中小企業では、多くの会社が業績不振に悩んでいるのではないでしょうか？

アベノミクスの経済政策の恩恵にあずかっているのは大企業が中心で、残念ながら中小企業にはあまり波及効果が及んでいないようです。

日本の経済をマクロ的に見ると、成熟経済が進行して〝モノ余り〟の時代を経て、〝モノ離れ〟の時代となっています。さらに深刻なのは、人口減少です。日本は２００８年をピークとして人口減少社会になってしまいました。人口減少は多くの業界で市場縮小という形で深刻な影響を与え始めています。

こうした厳しい経営環境の下で、売上が伸びずに業績不振に悩む企業が多いというのが実情です。

本書では、そうした業績不振に悩む多くの中小企業のために、どうしたら売上を伸ばし、利益を増やしていけるのかを、売上予算必達のマネジメントという観点から説明をしていきます。

計画を持たない会社経営の実態

私は中堅中小企業の経営者を支援する経営コンサルタントの仕事をしています。そのため、中小企業の中には予算（年度計画）や中期経営計画をつくっていない会社が多いことを知っています。

計画をつくらない理由を聞いてみると、「つくり方がわからない」「計画をつくっても実現できないから」あるいは、「予算は大企業の仕組みでしょう。うちは中小企業だから」などの答えが返ってきます。

予算などの計画系の仕組みを持っていない会社の経営を見てみると、よく言えば、臨機応変な会社経営と言えるかもしれませんが、実態は行き当たりばったりの経営になってしまっていると感じます。

計画がないため、経営状況が良いか悪いかの判断も、前年に比べて良くなっている、悪くなっているということでしかありません。

また、予算などの計画を持たない会社は、経営資源の配分に関する計画もないため、少しカネが入ってくると、突然、社長室のソファーを買い換えるなど、無計画にカネを使ってしまうことがよくあります。私から見ると、もっと優先的にカネを使うべきところがあるのに…と感じます。少ない経営資源を効果的に活用するためにも、予算などの計画は必要なのです。

計画を持たない会社の社員の動きを見てみると、社員1人ひとりが自分のペースで仕事をしている印象を受けます。仕事の納期の意識、時間の意識が薄いように感じます。そして、全体として社員の動きがバラバラで、組織としての成果を十分に出せていない会社が多いようです。

資金繰り表のない会社の一寸先は闇

計画を持たない会社は、資金繰り表も作成していない会社がほとんどなので、先々の資金がどうなってしまうかも見えていません。資金にかなり余裕のある会社であれば、資金繰り表がなくとも何とかなるのでしょうが、多くの中小企業は資金をギリギリで回している状況なので、資金繰り表がなく、先の見えない経営では何とも心許ないと言わざるを得ません。

私が経営コンサルタントとして顧客企業の支援に入る場合には、最初に事業や財務の状況を把握するところから始めます。そして資金繰り表のない会社では、資金的によほど余裕のある場合を除いては、まずは資金繰り表を作成するところから支援を開始します。それは資金に余裕のない企業はいつ資金ショート、即ち倒産してしまうかわからないからです。

実際に資金繰り表を作成すると、年度内に資金ショートが見込まれるといったことがあります。そうしたケースでは、当面の資金繰りを何とかすることが最優先課題となります。

資金繰りは会社の命を繋ぐものですから、自分の会社の資金が、この先どうなっていくのかがわからないというのは、危険極まりない状況と言えます。

計画をつくらずに先を見ない会社経営は、まさに「一寸先は闇」の世界です。

2　トップアスリートの練習計画に学べ

トップアスリートの練習の仕方

計画のない会社経営というのは、経営状況の判断がしづらい、先が見えない、経営資源の有効活用ができない、社員の動きが組織立っていない等など、問題が多いことを、前節で見てきました。

今度は、会社経営にとって計画系の仕組みがいかに重要であるかを考えるために、視点を変え、ビジネスの世界から離れてスポーツの世界を見ていきたいと思います。

私はスポーツが好きで、会社経営とスポーツは通ずるものがあると感じています。スポーツを通して、会社経営について考えていきましょう。

スポーツの世界でも、成果を出しているトップアスリートは、ただ闇雲に練習をしているのではなく、練習計画をしっかり立てて、その計画に沿って、着実に練習を行いながら、成果を出しています。

例えば、箱根駅伝で有名な青山学院大学陸上部では、選手ががむしゃらに過酷な練習をして根性で優勝を果たしているわけではありません。監督は選手の自主性を重んじ、選手1人ひとりが自らの目標を設定して、その目標を達成するための年間計画、月間計画を自分でつくって、その計画を着実に実行しながらランナーとしての実力を向上させています。

各自の計画を寮の壁に張り出すことで、計画に対するコミットメントを高め、苦しくとも計画した練習をやり通すという環境がつくられています。アスリートも人間です。人間は誰しも弱い面を持っています。練習に気乗りしない日もあるかもしれません。しかし、その日の気分で練習をしていては、高い目標を達成することはできません。

例えば、今年の10月の大会での目標タイムを設定したら、8月までにはこのタイム、6月までにはこのタイムというように、逆算する形で目標を定め、それぞれの目標を達成できるように練習計画を立てていきます。

行き当たりばったりの練習をしていては、目標の大会までに準備を間に合わせて結果を出すことはできないのです。

具体的な目標設定の重要性

計画は目標を達成するためにつくるものです。目標の設定がまずは重要な鍵となります。自分の目標を明確化、具体的に設定するところから、計画づくりがスタートします。陸上選手のみならず、私たち人間は目標がないと頑張ることがなかなかできません。

目標を明確にすることで、目標達成の意欲が湧いてきます。目標もないのに、頑張って練習を続けるというのは苦しいだけです。目指す目標があるからこそ、厳しい練習にも耐えられるのです。

「箱根駅伝に選手として出場したい！」「みんなで優勝したい！」という大きな目標が選手達を駆

り立てます。その大きな目標を達成するために、今年の10月の大会までにはこのタイム、８月までにはこのタイム、という形で、逆算しながら、手前の目標を設定して、それらの目標をクリアできるように練習計画を立てていくわけです。

【図表１　ＰＤＣＡサイクル】

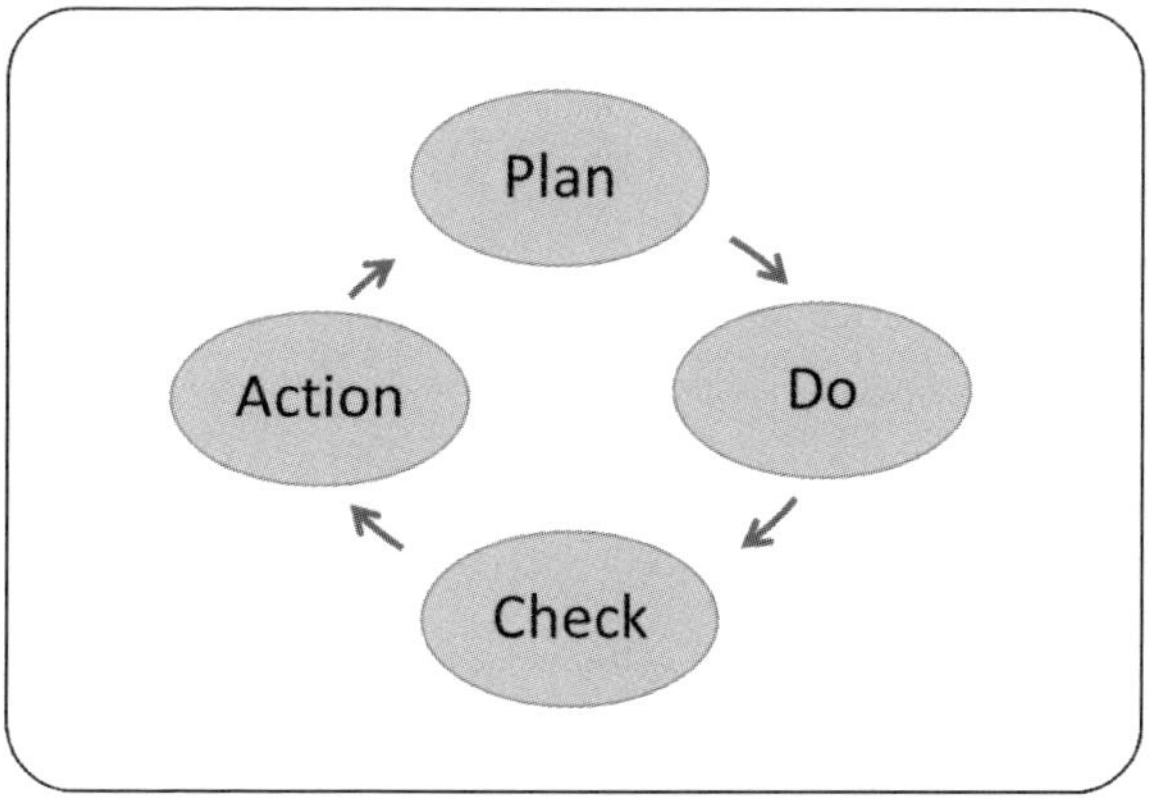

【図表２　計画と乖離の是正】

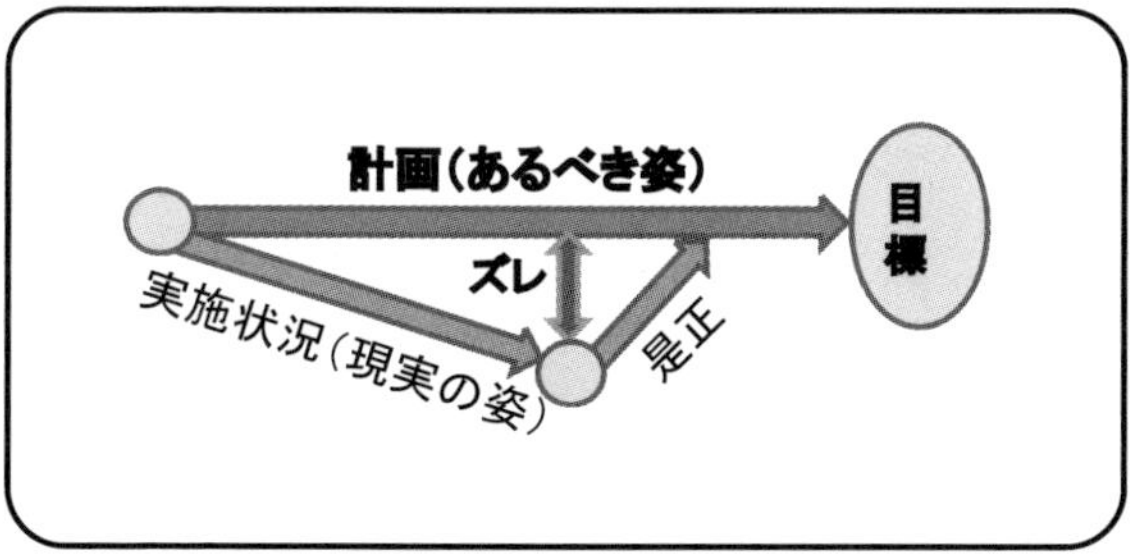

計画した練習をこなして、節目節目に設定した目標をクリアしながら、大きな目標の達成に向けて練習を進めます。もちろん、設定した個々の目標をクリアできない場合もあるでしょう。その場合には、何が問題なのかを探り、問題を解決していきます。もちろん、練習計画自体を見直す必要もあるかもしれません。

まさにPlan（計画）―Do（実行）―Check（評価）―Action（改善）のＰＤＣＡサイクルを回しながら、大きな目標の達成を目指していきます。

大きな価値ある目標だと達成意欲は強まる

次に目標の大きさや困難さについて考えてみましょう。

もし、目標が低く、簡単に達成できる目標であれば、その目標を達成しても、さして嬉しくはないはずです。目指す目標が大きく価値あるものであればこそ、その目標達成に向けて強い意欲を持てます。トップアスリート達が、大きな大会での優勝を目指すのは、その目標が簡単に達成できるものではなく、目標達成の価値が大きいからです。

優秀な陸上選手が集う青山学院大学陸上部で、箱根駅伝のメンバーに選ばれ、お正月に日本中の人々が注目する中、任された区間を走り切り、チーム優勝に貢献するという、大きな目標は、選手達を駆り立て、ハードな練習を乗り切るエネルギーの源泉となります。

高い目標を設定することで達成の意欲は高まります。そして、その高い目標を達成することで、大きな成果を収められます。

3　会社組織が成果を上げるためには

目標と計画が社員を統率する

前節では青山学院大学陸上部を例にとり、目標設定と目標達成のための計画の重要性を見てきました。陸上のような個人競技でも、目標達成のためには計画が必要なのです。まして、多くの人が集まって構成されている会社組織では、目標と計画は一層重要なものとなります。

もし、会社に具体的な目標がなければ、会社は烏合の衆になってしまいます。また、目標はあっても計画がなければ、社員がそれぞれのやり方で目標達成しようとしてバラバラな動きになってしまい、組織として効果的に目標達成を行うことはできません。

目標と計画は、社員の動きをコントロールして、組織的な成果を出すための、欠かせないツールなのです。

高い目標設定が会社と社員を成長させる

高い目標設定をすれば大きな成果に直結します。高い目標設定をすることで、社員の達成意欲も高まります。その高い目標を達成することを通して、会社も社員も共に成長することができます。

4　経営計画の7つの意義とは

さらに計画の重要性について詳しく見ていきたいと思います。

中期経営計画や予算などの経営計画の意義として、どのようなことが挙げられるでしょうか？

色々な整理の仕方があるかとは思いますが、ここでは経営計画の意義・重要性について、次の7つに整理したいと思います。

①会社経営を考える絶好の機会

まず、私は経営計画をつくること自体に大きな意義があると考えています。

経営計画をつくるということは、会社の状況や将来について考える絶好の機会となります。「今、自分の会社はどのような状況なのか？」、「どのような問題を抱えているのか？」、「このままだったら、将来はどのようになってしまうのだろうか？」等など、会社の状況や将来の見通しについて考える機会となります。

特に中期経営計画をつくるとなると、環境分析を行いますので、経営課題が見えてきます。そして、その経営課題をどのように克服していくのか、そのためには戦略戦術はどうあるべきかなどを考えることができます。

日々の業務活動をひたすら行っているだけでは、会社の経営課題を正しく認識できないということになりかねません。立ち止まって、会社の現状を分析し、課題を把握して、将来に向けての戦略戦術を構築し、経営計画をつくっていくことが、会社を成長させていくためには欠かせません。

②会社が目指す目標が明確になる

経営計画の中で会社の目標が明確になれば、社員がその目標達成に向けて行動していくことができます。

会社の目標が示されないと、「この船はどこに向かっているのだろう？」ということになってしまいます。目指すべき目標の達成に向けて全社員が仕事をしていくというのが会社経営のあり方です。

③目標に向かっていく道筋（戦略戦術）が明確となる

目指すべき目標を明確にしたら、次には、その目標に向かっていく道筋を明らかにします。みんなが思い思いの道筋を進んでしまっては統制がとれません。

会社としてこの道筋を通って目標に到達していくのだということを決めなくてはいけません。言葉を変えれば、目標達成のための戦略戦術を決めるということです。

目標とその達成のための戦略戦術が明確化されれば、それに沿って社員が仕事を進めていくことができます。

④目標と戦略戦術を共有することで社員の意欲が高まる

目標と戦略戦術を社員が共有することは、単に社員が仕事の進め方がわかるということだけではありません。目標と戦略戦術を共有することで、社員の意欲や仲間意識を高めることに繋がります。「よし、みんなで力を合わせて目標を達成しよう！」という仲間意識、目標達成の意欲が湧いてきます。

⑤経営資源の効果的な活用が可能となる

経営計画のない行き当たりばったり経営では、ヒト、モノ、カネの経営資源の効果的な活用ができません。先を見通した経営計画があるからこそ、限りある貴重な経営資源を上手に使うことができます。

実際に経営計画とは経営資源の配分に関する計画が中心であるともいえます。ヒトをどのように配置するか、カネをどのように使ってどう利益を出していくか、まさに経営資源の活用を計画的に行っていくことが経営の重要事項といえます。

⑥PDCAサイクルを回して目標達成を目指す

経営計画をつくればPDCAサイクルを回すことができます。計画がなければ、例えば、今月の業績を評価しようにも、先月に比べて高かった、低かった。あるいは前年同月に比べて高かった、低かったという評価しかできません。計画があれば、実績と計画を比べて評価することができます。実績が計画を下回っていれば、問題と認識して対応をとることができます。

計画があればこそ、ＰＤＣＡサイクルを回して目標達成を目指すことができるのです。

⑦信用・信頼性の向上

経営計画をつくって会社経営を行っているということは、外部の金融機関や取引先の信頼を得ることに繋がります。もし、経営計画を持っていなければ、金融機関から資金を調達することもできません。

金融機関からすれば、計画もなく、将来どのようになるのかもわからない会社に対して融資を行うことなどできないのです。

金融機関から資金調達をしようと思えば、財務諸表などの実績を示す資料と並んで、今後どのような事業経営をしていくかを示す経営計画を提出することが必要となります。

5　中期経営計画と予算をつくろう！

中期経営計画は会社の中期的展望を明らかにする

会社経営のやり方として、経営計画を作成して、その計画をベースにＰＤＣＡサイクルを回して目標達成を目指していきます。経営計画の主なものは、中期経営計画と予算（年度計画）です。

中期経営計画は、略して中計と呼ばれます。中計は一般的には3か年の経営計画です。3年後の目標である経営ビジョンを示して、その経営ビジョンをどのように実現していくかという形で、計数計画と戦略戦術をつくります。

中計の策定では、会社の中期的な展望を考えることになります。会社経営は近視眼的に行うものではなく、中長期の視点に立つことが必要です。その意味で、中計の策定は会社の未来を創っていく上でとても重要なものとなります。

予算はPDCAのベースであり、会社経営の根幹となる

3か年の計画である中計に連動する形で、単年度計画である予算をつくります。この予算が今年度のPDCAのベースとなります。予算計画の進捗の管理が必要となりますので、月次の計数計画や実行計画を含めて、具体的な予算計画をつくっていきます。

会社経営では予算をベースにPDCAサイクルを回し、目標の達成を目指します。予算の売上目標、利益目標を達成していくことで、会社は業績を向上させ、成長していくことができます。まさに予算の仕組みは会社経営の根幹と言えるものなのです。

第2章　予算に関する多くの誤解

中小企業では、予算の仕組みを持っていない、あるいは、予算はあっても、その仕組みがうまく機能せずに計画倒れになってしまっている会社が多く見受けられます。

この第2章では、予算に関する誤解や失敗してしまう要因について説明します。

1　予算はつくっても達成できないから意味がない

予算達成できないのはマネジメントの仕方に問題がある

中小企業の社長に予算や中計の有無を聞くと、「計画をつくっても、どうせ達成できないから、つくっても意味がない」という返事が返ってくることがあります。

本当に意味がないのでしょうか？

前章で見たように、何事も目標を立てて、その目標をどのように達成していくか、計画をつくることが大切です。まして、会社組織として成果を生み出していくためには、社員の動きをコントロールしていくための計画は重要となります。

計画を達成できないというのは、計画の立て方を含めて、マネジメントのやり方に問題があると考えられます。

実際に、予算などの計画を立てたからと言って、簡単に達成できるものではありません。予算目標を達成していくためには、巧みなマネジメントが必要です。

本書では、どうすれば予算目標を達成して会社を成長させていけるのかを説明しています。

「予算をつくってもどうせ達成できないから、予算なんかつくらない」と諦めず、是非、本書を読んで、毎年、予算を達成させながら会社を計画的に成長させることができるようになってもらえればと願っています。

2　予算は大企業の経営手法

本当に大企業の手法か

中小企業の経営者の中には、「予算は大企業の手法だから、自分達には関係がない」と思われている方もいます。本当に予算は大企業の手法なのでしょうか？

今まで見てきたように、予算などの経営計画をつくって、ＰＤＣＡサイクルを回しながら、組織目標の達成を目指すことが、会社経営の基本となります。

数人の規模の会社であれば、計画がなくとも会社を運営していくことはできるかもしれません。しかし、社員の人数が増えるに従って、目標と計画を持たずに、会社組織を運営していくことは難しくなってきますし、効果的に成果を出していくことはできません。

むしろ、社員数が少ない早い段階から、予算などの計画をつくってＰＤＣＡサイクルを回す仕組みを取り入れた会社が成長を実現しているのです。

予算は決して大企業だけの仕組みではありません。会社の規模が小さくとも、予算をつくり、ＰＤＣＡサイクルを回すことで、組織的成果を高め、会社を成長させていきましょう。

3　予算はつくっているから大丈夫

成果を出せる予算マネジメントが必要

「自分の会社では予算をつくっているから会社経営としてはしっかりやれている。予算達成できるかできないかは、社員の頑張り次第だ」と考えてはいませんか？

「予算さえつくれば、あとは、その達成は社員の頑張り次第」と考えていては、予算の達成は難しいと言わざるをえません。もちろん、低い予算目標を設定すれば、簡単に予算達成できるかもしれませんが、それでは会社を成長させていくことができません。

達成は社員任せの予算、あるいは形式的な予算では意味がありません。

しかし、形式的な予算や、社員を頑張らせるための予算という形で、成果を出せていない会社が多いというのが現実です。

予算は業績を伸ばし、会社を成長させるための有効な経営ツールです。予算マネジメントをしっかり行って、毎年予算目標を達成させることで会社を成長させていきたいものです。

成果を生み出す予算マネジメントができるようになることが、会社経営にとって重要です。

本書では、予算目標設定の仕方、予算目標必達の経営手法など、どのように予算マネジメントを行っていけばよいか説明しています。形式的な予算をつくっているだけでは仕方ないので、是非、業績を向上させ、会社を成長させていくための予算マネジメントができるようになってください。

4　社員のお尻を叩くための予算

そんな目標はできっこない

過大な売上目標の数字を掲げて、社員に発破をかけるという考え方の社長をよく見かけます。そうした社長に話を聞くと、「その目標数字は達成できなくとも仕方ないが、社員を頑張らせるための目標数字なので敢えて大きい数字目標にした」という答えが返ってきます。

しかし、実は、そうした会社では、社員は「どうせ、そんな目標はできっこない」としらけてしまっています。

こんな調子では予算の仕組みは機能しません。現実的な数字目標を設定して、社長も、社員も「この予算を絶対に達成させるんだ！」という意識を持って取り組むことが必要です。

5　過去からの延長線上で決める予算

予算数字を機械的に決めてはいけない

過去の実績推移から、その延長線上で売上予算の数字を機械的に決めている会社も少なくありません。

例えば、過去実績で３％程度ずつ売上が伸びてきたので、来年も３％アップの売上予算にするという形です。

目標数字設定の基本的な考え方は、〝ストレッチ目標〟です。「難しい目標だが、工夫して精一杯頑張れば何とか達成することができる」というところに目標を設定するのです。

このような目標設定を行えば、会社の業績も伸びていきますし、社員も成長することができます。

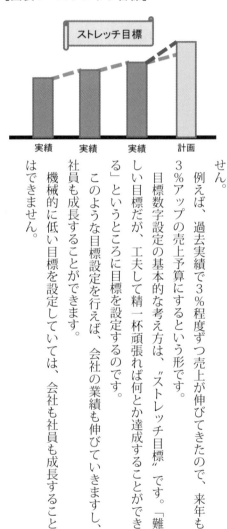

機械的に低い目標を設定していては、会社も社員も成長することはできません。

【図表３　ストレッチ目標】

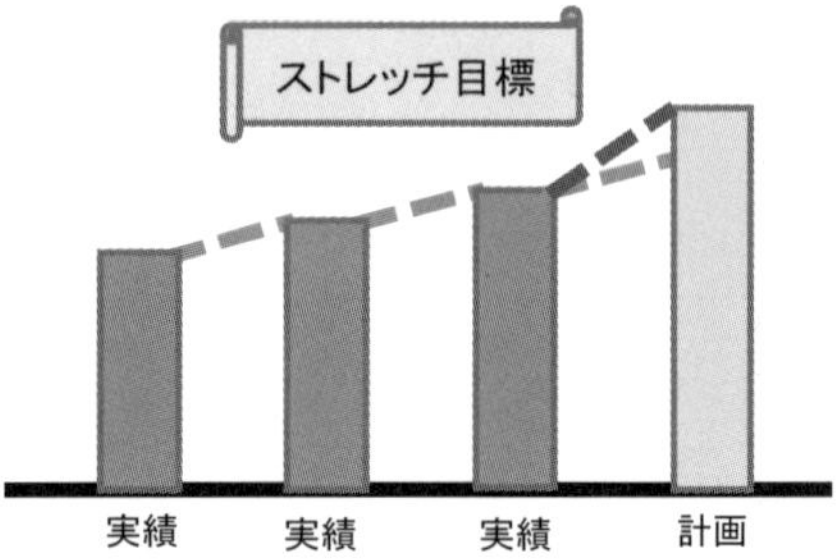

６　計数計画だけの予算

計数計画だけでいいか

予算というと、計数計画のイメージを持つ人が多いようです。確かに予算は売上高から始まって、原価、売上総利益、販管費、営業利益といった計数計画が中心となります。しかし、計数計画だけでは不十分です。その予算をどのようにして達成していくのか、予算達成のための方法、言い換えれば、戦略戦術を持つことが必要です。

「予算達成のための方法、戦略戦術は各現場で考えろ！」という経営者もいるようですが、それではあまりにも無責任です。少なくとも戦略は経営者が現場の責任者と一緒につくり上げねばなりません。戦略戦術の裏づけのない予算は、「絵に描いた餅」になりかねません。

7　予算の実行は社員の責任

実行は社員にまかせていればいいか

計数計画と戦略戦術を合わせて予算計画をつくりさえすれば、あとは社員にその実行を任せておけばよいか、というと、これも違います。

計画をつくっただけで実現してしまうなら、会社経営はいたって簡単です。しかし、現実には計画をつくっただけでは、実現できません。

Plan（計画）— Do（実行）— Check（評価）— Action（改善）のＰＤＣＡサイクルを回しながら、目標達成に向けて、しっかりとしたマネジメントを行っていく必要があります。

そのためには、全社計画だけではなく、部門別の計画をつくって、管理していくことが必要です。また、年間計画だけではなく、月次計画もつくる必要があります。月次計画がないと、毎月の進捗を管理できません。

月次計画に沿って各部門が予算達成しているかどうかを視ながらマネジメントしていくことが、予算達成のために重要となります。

8　予算の仕組みだけで予算達成を目指す

予算の仕組みだけで予算達成の実現は難しい

予算の計画をつくって、月次の業績会議でＰＤＣＡサイクルを回すことで、予算達成を目指すことを考える経営者が多いかと思います。

しかし、実はそうした予算の仕組みだけで予算達成を実現していくことは容易ではありません。こう言うと多くの方々が、「え？　どういうこと？」と思われるかと思います。

予算計画をつくってその進捗を月次業績会議でしっかりとフォローしていくことで予算達成を目指すというのが一般的な考え方だとは思います。しかし、私の経営実務経験や経営コンサルタントとしての経験から、これだけでは不十分であると感じています。

では実際にどうすればよいかというと、予算の仕組みを軸に幾つかの仕組みや仕掛けを連動させていくことで、予算達成を確実にしていくということです。

この点については、後ほど詳しく説明をしていきます。

第3章　予算は社長の夢を実現するためのツール

前章では予算に関するよくある誤解について説明してきました。この章では「会社の目的」と予算の関係について考えてみたいと思います。

1　儲けることだけが会社の目的!?

予算は何のためにつくる?

そもそも予算は何のためにつくるのでしょうか?

「そんなの決まっているじゃないか、業績を向上させるために予算をつくるのさ」という答えが返ってきそうです。その答えは、まさにその通りです。しかし、さらに考えていくと、「何のために業績を向上させるのか?」という問いが浮かんできます。

「そんなこと言ったって、業績を上げて儲けることが会社の目的なんだから」と言われそうです。しかし、本当に業績を上げて儲かれば、それだけでよいのでしょうか?

利益がなければ会社は存続できない

もちろん、儲けること、利益をあげることは大切です。利益をあげることができなければ、会社は存続し続けることはできません。赤字が続いてしまうと、資金難に陥り、会社は倒産してしまいます。

利益を生み出すことができてこそ、会社は存続できます。また、将来の成長に向けて投資をしていくこともできます。まさに利益は会社存続の条件なのです。

しかし、儲けるためだけに会社経営をしている、というのでは寂しくはないでしょうか?

自分の経済的・物質的な夢も大切

社長が、「会社が儲かるようになれば、自分の報酬を増やすことができる」と考えるのは健全だと思います。

「会社の事業を成功させて儲けるぞ。そして、自分の役員報酬を上げて、将来は大きな家を建てて贅沢な暮らしをするぞ」といった、経済的・物質的な夢を社長が持つことは、当然のことです。

「一生懸命」という言葉があります。これは、封建時代に領主が自分の所領に命を賭けるという意味合いの「一所懸命」から転じた言葉だと言われています。私は、「一社懸命」という造語を使っています。この意味合いは、「社長は会社に命を賭けている」というものです。

オーナー社長は、まさに自分の会社に命を賭けているのです。社員は会社が倒産してしまえば、転職することで生計を維持することができます。しかし、社長は自分の会社が倒産してしまうと、莫大な借金を個人として抱えることになってしまいます。会社が立ち行かなくなると自殺してしまう社長が出るのはそうした厳しい現実があるからです。

このように大きなリスクを背負って会社経営を行っている社長は、事業が成功したら経済的に報われて当然なのです。会社の事業で儲けて、経済的に豊かになるべきです。

そして、会社が儲かるようになって、社員の給料も上げることができれば、社員にも経済的に報いることができます。

しかし、経済的・物質的な夢だけを持っていればよいということでしょうか？

社長よ、大志を抱け

「少年よ、大志を抱け」とは、札幌農学校の初代教頭であったクラーク博士が学校を去るときに言った有名な言葉です。

人間は社会の中で生きています。その意味で社会的存在です。私利私欲というものもあるのかもしれませんが、それだけではなく、「人の役に立ちたい」、「社会に貢献したい」という気持ちもあるのではないでしょうか？

また、「企業は社会の公器」という言葉があります。これは松下電器の創設者である松下幸之助が残した言葉です。「企業は社会とともに発展していくのでなければならない。自分の会社だけが栄えるということは、一時的にはありえても、そういうものは長続きはしない。やはり、ともどもに栄えるというか、いわゆる共存共栄ということでなくては、真の発展、繁栄はありえない」と説明しています。

社長として、事業を成功させて自分の収入を増やしたいという夢を持つことはよいことですが、それだけではなく、「事業を通して社会に貢献していきたい」、「社員やお客様を幸せにする会社を創っていきたい」というような、大志や夢を持つべきですし、実際にお持ちなのではないでしょうか？

第8章で心理学の説明をしますが、実は人間は「社会に貢献したい」、「価値ある仕事をしたい」という欲求を持っています。社会への貢献、顧客や社員の幸福といった大きな夢は、人間を奮い立たせる原動力となります。

大きな夢がなければ、人間は頑張れない

もちろん、業績が厳しく、日々の事業活動に悪戦苦闘していて、夢どころではないという社長さんも少なくないと思います。

しかし、敢えて言うなら、厳しいときも、いや厳しいときこそ、大きな夢を持っていることが大切です。夢があるからこそ、人間は頑張れるのです。

私も経営コンサルタントとして独立した当初は、仕事がなかなかとれず、経済的にも精神的にも追い詰められた時代がありました。独立する以前は会社員でしたので、必ず給料日には給料が振り込まれてきます。ところが、会社を辞めて独立したあとは、当たり前ですが、受注して仕事をした分しか収入が入りません。さらには、収入が少ないのに、税金は前年の所得に応じて課税されます。一家の生計を支えないといけないのに収入が足りず、貯金がすごい勢いで目減りしていきます。

「独立は無謀だったかな」「もう駄目かな」と弱気にもなりかけました。

そんな苦しいときに自分を支えたのは、「自分が今まで会社の業務で経験してきた会社経営に関するノウハウを活かして多くの中堅中小企業の役に立ちたい。このままでは終われない」という強い思いでした。

人間が生きていく上で、夢を持つことは大切だと思います。そして、その夢が、大きな夢であればあるほど、その夢に向かって頑張っていくことができるものです。逆に、夢もないのに頑張ることは難しいのです。

夢のない会社に働く社員は不幸！

〝夢もないのに頑張れない〟というのは、社長だけではありません。社員も同じです。

社員は給料をもらうためだけの目的で働いているのでしょうか？

もしかしたら、そうした意識の社員もいるかもしれません。しかし、そのような意識で行っている仕事の成果はどの程度のものでしょうか？

また、仕事の成果もさることながら、お金のためだけに働いている社員は幸せでしょうか？

やはり、遣り甲斐を感じながら仕事をすることができることが、より幸せなのではないでしょうか。

社員が仕事の遣り甲斐を感じられないということであれば、それは会社にも責任があります。社員が夢や遣り甲斐を感じられる会社にしたいものです。

2　社長は夢を語れ！

理念経営とは

社長は、儲けたいという目的の他に、「このような会社にしたい！」「事業を通してこういうことを実現していきたい！」という夢を持っていると思います。

そうした社長の夢やビジョンを、経営理念という形で表明し、社員に対してその夢を語ることで、社員がその夢に共感して、夢の実現に向けて一丸となって頑張っていくという経営のあり方を〝理念経営〟と呼びます。

ホンダの理念経営

ホンダの創業者である本田宗一郎が、同社がまだ小さな町工場であった頃から、朝礼でミカンの木箱の上に立って、「日本一を目指すのではない。世界一を目指すんだ！」と社員に激を飛ばしたという話は有名です。

本田宗一郎の熱い思い、夢が、本人のエネルギーの源泉であったでしょうし、また、社員の頑張りの源泉にもなったはずです。本田宗一郎の「世界一を目指す」という夢がなければ、「世界のホンダ」にはなれなかったはずです。

社長は夢を持て、そして社員に夢を語れ

戦国の武将も戦に勝つためには、家来を奮い立たせる〝大義〟が必要でした。

「会社が儲ける」という目的のためだけであれば、社員はどこまで頑張れるでしょうか？

社長は、自分の会社をどのようにしたいのか、事業を通して何を実現したいのか、など自分の夢を明確に描くべきです。そして、その夢を社員に熱く語りかけることが大切です。

社員はその夢に共感することで、やる気を出して、頑張って仕事することができます。組織的な成果を高めるためには、社長が夢を語ることが大切です。

夢がなければ夢を実現することはできません。夢を持って、その夢の実現に向けて会社を成長させていきましょう！

3　夢の実現に向けて中計、予算をつくろう！

会社の長期ビジョンをつくろう

夢がある程度描けたら、会社の長期ビジョンとしてその夢を具体的に書いてみましょう。

家具の製造販売会社ニトリの似鳥社長は、まだ店舗数が7店、売上高が30億円に満たない頃に、長期ビジョンとして30年後の２００２年には１００店・１０００億円という計画をつり、１年遅れの２００３年に達成したそうです。

長期ビジョンの期間は、似鳥社長のように30年でもよいですし、20年、10年でもよいと思います。いつまでに会社をこのようにしていきたいというような長期ビジョンをつくって、自分の夢を明確化していきます。

長期ビジョンとしては、売上高、店舗数、社員数などの事業規模や、どのような事業を展開して、お客様にとってどのような存在になっていたいかなど、イメージを具体化していきます。長期ビジョンをつくる際には、実現可能性を考え過ぎると夢が小さくなってしまいますので、実現可能性はさておいて、ワクワクするようなビジョンを描くようにしましょう。

このような長期ビジョンを描くことで、自分の夢が明確化していきます。夢が明確であればあるほど、夢を強く意識することができます。そして、その夢の実現に向けて頑張るための原動力になります。社長の仕事は大変ですが、大変だからこそ、夢が大切です。是非、ワクワクするような長期ビジョンを描いてください。

【図表４　中計と予算の位置づけ】

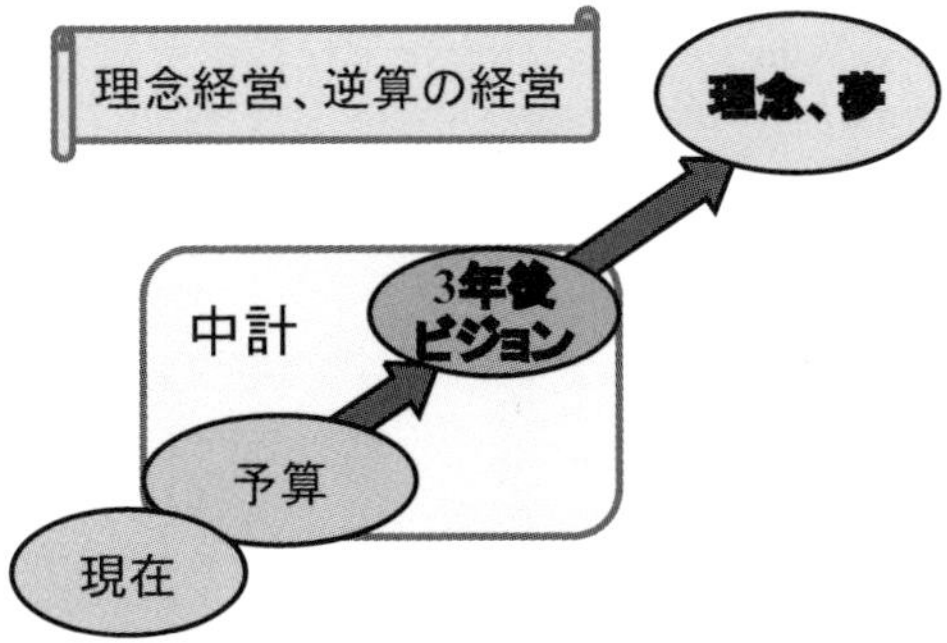

将来のゴールから逆算で中計と予算をつくる

会社経営を行う上で中期経営計画（中計）の作成は欠かせません。中計は会社の未来を創っていくための方向性と具体的な方法を示すもので、会社経営のベースとなります。

社長の長期ビジョンを中計の中に記載しましょう。そして、その長期ビジョンの実現を目指して、逆算する形で、３年後の目標である中期経営ビジョンを描きます。

中期経営ビジョンには売上高、利益などの計数目標だけでなく、事業展開の構想を具体的に表現していきます。中計を読んだ社員が、３年後の目指すべき目標を明確に理解できる必要があります。中計とは、その３年後の経営ビジョンをどのように実現していくかを示した計画書のことなのです。

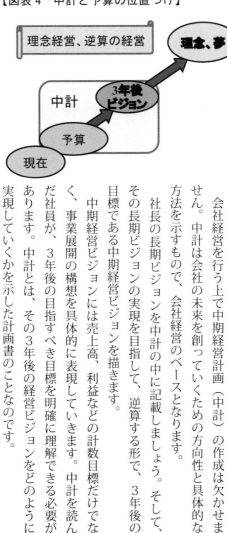

将来のゴールとも言うべき社長の夢の実現に向けて、逆算で長期ビジョンを描き、さらに3年後の経営ビジョンとそれを達成するための戦略、計数計画という形で中計をつくります。そして中計と連動する形で、今年度の年度計画である予算をつくるのです。

予算は、経営ビジョンを実現するための、単年度計画という位置づけにあります。

つまり、予算は社長の夢からの逆算でつくる今年度の計画ということになるのです。

中期経営ビジョン策定の実務

前節で説明した通り、中期経営ビジョンは長期ビジョンを実現していくために逆算でつくっていくというのが基本的な考え方です。しかし、経営ビジョンは3年後に達成すべき目標なので、達成が不可能という目標では困ります。

実際の実務においては、例えば、3年後に売上高50億円を実現するといった主要な目標を仮置きして、それを達成するための戦略戦術の立案を行います。

戦略戦術を駆使して達成ができそうであれば、その目標をさらに肉づけして経営ビジョンを設定していきます。どうしても達成できそうもないということであれば、達成可能な上限の所に目標を設定しなおします。

つまり、経営ビジョンは戦略戦術の策定過程で、最終的に詰めていく形となります。

4　毎年、予算を達成して夢の実現に近づけ！

予算達成と社長の夢の実現

前節で見てきたように、社長の将来の夢の実現に向けて逆算して中計をつくる。そして、具体的な行動計画としての年度計画である予算をつくるという流れになります。

この予算計画を全社員が実行、毎年、達成していくことで、会社は着実に成長し、夢の実現に近づいていくことができます。

予算をベースにＰＤＣＡを回すことで会社を成長させる

会社経営においてＰＤＣＡサイクルを回す際のベースとなるものが今年度の計画である予算です。その意味で、予算は正に経営の根幹の仕組みといえます。そして将来のゴールである〝社長の夢〟を実現するためのツールでもあるのです。

会社経営とは突き詰めれば、戦略を立案し、計画に落としこんで、その計画を実行、成果を上げていくことに尽きます。

将来を見据えて、中計をつくる。中計の経営ビジョンの実現に向けて、今年度の行動計画としての予算をつくる。そして予算をベースにＰＤＣＡサイクルを回しながら、予算目標を達成させることで、計画的に会社を成長させていきます。社長の夢の実現に向けて、予算という経営ツールを使って会社を成長させていきましょう。

5　高い予算目標の達成で会社と社員が共に成長できる

予算達成さえできればよい⁉

会社にとって予算達成は至上命題です。しかし、予算目標を達成しさえすればよいというものではありません。

達成を重視するあまり、低い目標を設定してしまっては本末転倒です。予算は会社を成長させること、そして社長の夢の実現に近づくことが目的なので、低い目標にしてしまうと、会社はなかなか成長できませんし、夢にもなかなか近づけません。

さらには、低い目標設定では社員も成長することができません。

高い目標設定で成長できる

予算の目標が高いものであれば、達成の難易度は高まります。その高い目標を達成するための戦略戦術を立案して、困難を突破しながら予算を達成していきます。社員は、苦労して予算達成をするからこそ、大きな達成感を味わえますし、自信に繋がります。

将来の夢の実現に向けて、高い予算目標を設定し、それを達成していくことで、会社も社員も共に成長していくことができるのです。

第4章　売上予算を達成するための戦略を持っているか

営業活動を頑張りさえすれば売上予算が達成できるというものではありません。もちろん頑張って営業活動を行うことは必須ですが、戦略戦術もなく、ただ根性で売上をつくるというのでは無理があります。ビジネスでは、もちろん根性は大切ですが、根性だけでは勝つことはできません。特に今の時代は、根性だけでは勝てなくなっています。

この章では事業環境の変化やビジネスの本質を見ながら、戦略戦術の重要性について考えていきます。

1　現代は〝売れない時代〟になっている！

事業環境の構造的変化が進んでいる

事業環境は大きな構造的変化をしています。日本の人口は２００８年をピークに、その後は人口減少が進んでいます。今や日本は人口減少社会となってしまったのです。人口減少が続くということは、多くの業界で国内市場が縮小していくことに繋ります。

また、成熟経済もますます進展し、〝モノ離れ〟も進んでいます。昔のように〝良いモノをつくれば売れる〟という時代ではありません。

〝売れない時代〟になっている

こうした時代ですので、「従来からの商品が売れなくなってきた」と悩んでいる社長さんが大勢います。昔、ヒットした商品が今ではなかなか売れないということがあちらこちらで起こっています。これは不景気のために消費者の紐が固くなっているという一過性の話ではありません。

事業環境は構造的に変化して、成熟経済のモノ余り、モノ離れの時代、そして市場の縮小が進んでいく、〝売れない時代〟となっているのです。

2 〝売れる仕組み〟を持っているか

プロダクト・アウトの発想では無理

〝売れない時代〟のビジネスでは、今ある商品を「営業努力で売っていこう」という発想では限界があります。

〝自社の商品を売る〟という発想は「プロダクト・アウト」の発想です。

昔はプロダクト・アウトの発想でも売れた時代はありましたが、現代の〝売れない時代〟には、この発想で売上を伸ばしていくことはできません。

マーケット・インの発想を持とう！

〝売れない時代〟では、お客様のニーズを起点として、ビジネスを創っていく必要があります。お客様が本当にほしいと思うもの以外は売れない時代なのです。

〝お客様が本当に求めているもの（ニーズ）を探し当て、それを提供する〟というのが、「マーケット・イン」の発想です。

売上が低迷している会社は、売上が上がらない理由を営業マンの努力不足と決め付ける前に、そもそも売ろうとしている商品・サービスが、本当にお客様が求めているものなのかを確認してみる必要があります。

〝お客様が本当に求めるモノ〟を探し当てて提供していくことができなければ、事業を継続していくことも難しくなります。〝売れない商品〟を苦労して売ろうとしても売上は上がりません。商品だけではなく、売り方やビジネスモデルも今の時代に合わせて変えていく必要があります。

まさに〝売れる仕組み〟を創っていくことが求められています。

3　ビジネスの本質をどう理解するか

そもそもビジネスとは

私は企業経営や経営戦略などをテーマとして研修やセミナーを行うことがよくあります。セミナーの最中に、受講者に「ビジネスとは何ですか？」という質問すると、意外にも、多くの方が考え込んでしまいます。

そして色々な答えが返ってきますが、比較的多い答えは、「お客様に商品を買っていただいて、対価としてお金を得ること」というものです。この答えは、図表5の自社の円と顧客の円が交わっているところでビジネスが成立するということを意味しています。

この答えは間違ってはいませんが、残念ながら、ビジネスの本質を言い当てているとはいえません。

ビジネスは競合他社との競争

確かに、商品やサービスを提供して、お客様に買っていただければ、ビジネスの取引は成立します。しかし、大切なことは、お客様に自社の商品・サービスを買っていただけるかどうかという点です。

ビジネスの本質を考える上で、忘れてはならないのが、競合他社の存在です。

先ほどの図表５では、自社とお客様の２つの存在しか考えていません。市場に自社とお客様しかいなければ、お客様は自社から購入するしかないので、ビジネスは至って簡単です。しかし、それは現実の姿ではありません。

【図表５　顧客との取引】

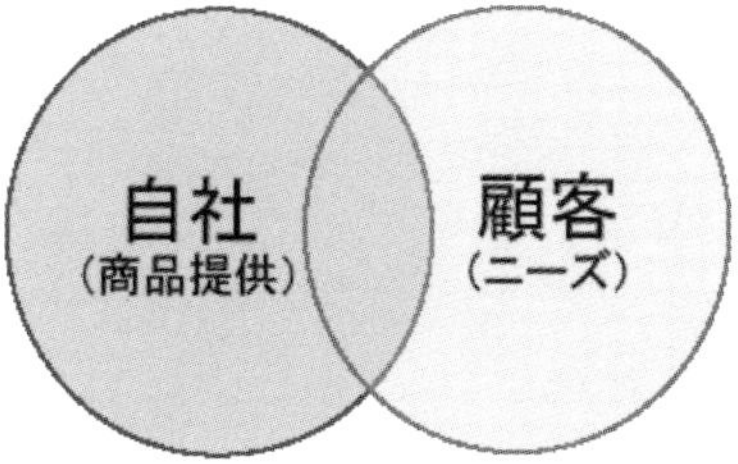

実際には多くの競合他社がいるため、お客様はどの商品がよいか選択して購入することができます。競合他社との競争に打ち勝ち、お客様に自社の商品・サービスを選んで購入してもらうことが必要となります。

つまり、ビジネスとは、〝お客様が求める商品・サービスを提供するための他社との競争〟ととらえることができます。

①お客様が求める商品・サービスを創り上げてお客様に提供していく、さらには、②競合他社との競争に打ち勝って、お客様に自社の商品・サービスを選んでもらって購入していただく、という２つが必要となるのです。

図表6のように、ビジネスの本質は、自社、顧客、競合他社の3つの要素を考えることで見えてきます。

環境分析の際に3C分析を行うことがよくありますが、3C分析とは、自社（Company）、顧客（Customer）、競合他社（Competitor）の3つの要素を分析することで、自社が置かれた環境を分析しようとするものです。

ビジネスでは、お客様のニーズを満たすこと、そして、競合他社とどう戦うかの2つを考える必要があります。

【図表6　3C分析】

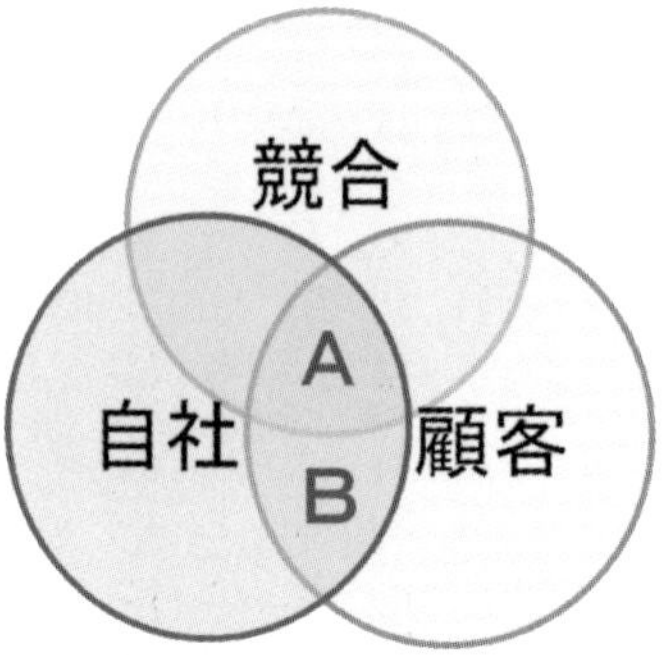

ビジネスは競争である以上、戦略戦術が必要

ビジネスは〝お客様が求める商品・サービスを提供するための他社との競争〟ですので、競合他社に打ち勝って、お客様に自社の商品・サービスを購入してもらわないといけません。競争である以上、戦略戦術が必要となります。闇雲に営業努力をして商品を売ればよいというわけではありません。〝売れない時代〟になってしまったので、なおさらです。

それでは競合他社との競争に打ち勝つために、どのような戦略をとればよいでしょうか？

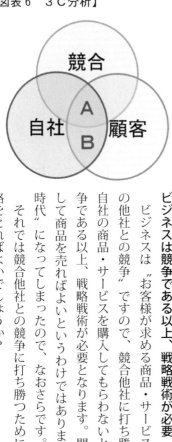

4　競争を回避するという戦略

競争回避の戦略

戦略の重要な考え方の１つは、「他社との競争を回避する」ということです。

まさに戦わずして勝つことができればベストです。

果たしてそんなことができるのでしょうか？

通常はビジネスでは競合他社との競争がありますが、他社が行っていない全く新しいビジネスを考案して始めるという方法があります。その場合には競争がありません。

競争がない新しい市場のことをブルーオーシャン（青い海）と呼びます。競争のない静かな青い海というイメージです。

一方で、競争のある市場のことをレッドオーシャン（赤い海）と呼びます。血みどろの戦いを繰り広げる市場というイメージです。先ほどの図表６のＡの部分がレッドオーシャン、Ｂの部分がブルーオーシャンとなります。

昔、ブルーオーシャン戦略に関する書籍がよく売れた時代がありました。競争のないブルーオーシャンの市場（図表６のＢ）を探して、その市場でビジネスを行うブルーオーシャン戦略がとれれば、競争がないので有利なビジネス展開ができるからです。

ブルーオーシャン戦略の1つ目の難しさ

競争のない新しい市場でビジネスを行うというブルーオーシャン戦略は、とても良い戦略のように思えるかもしれませんが、この戦略には現実的な難しさがあります。

ブルーオーシャン戦略の現実的な難しさとは何でしょうか？　2つの難しさがあります。

1つ目は、ビジネスが行われていない新しい市場、新しいビジネスを見つけること自体が簡単ではないということです。

私自身も事業企画の仕事を長年やってきた中で、全く新しいビジネスや市場を見つけることの難しさを痛感してきました。

ブルーオーシャン戦略の2つ目の難しさ

2つ目は、仮に新しいビジネスの機会を探し出してきて、そのビジネスを始めたところ、お客様のニーズとも合致して儲かるビジネスになった場合に、その次に発生してくる問題です。

新しい儲かるビジネスを創り上げると、次にどのようなことが起こるでしょうか？

新しいビジネスが儲かるとなれば、当然、競合他社は黙ってはいません。同様のビジネスを始めようとします。

ブルーオーシャンの市場で儲かるビジネスを行っていたところに、他社が参入して来ます。こうして競争のなかったブルーオーシャンの市場も、他社の参入により、レッドオーシャン化してしまいます。

自社にしかそのビジネスを展開できないような、何か特別な技術だとか、特殊な経営資源を持っていれば、それで参入障壁をつくって他社の市場参入を防ぐことができますが、そうでない限り、その市場においても他社との競争が始まってしまうわけです。

ブルーオーシャンを探し当てても、すぐにレッドオーシャン化してしまうことは、実際によくあります。

例えば、昔、ヤマト運輸が宅配便という画期的なビジネスを始めましたが、そのビジネスが儲かることがわかると他の運輸会社も宅配便市場に参入してきました。せっかく宅配便事業を苦労して始めたものの、他社の参入により競争が始まってしまったのです。

ただ、ここで誤解してほしくないのは、「ブルーオーシャンを見つけてもレッドオーシャン化してしまうから、そうした新しいビジネスを創ろうとするのは無駄だからやめたほうがよい」と言いたいわけではありません。

ビジネスを行っていく上で、ブルーオーシャンのような競争のない市場を見つける試みは重要です。もし見つけることができればその競争のないブルーオーシャンで有利な事業展開ができますし、レッドオーシャン化してしまったとしても、先行企業としての有利さを発揮してビジネスを優位に展開できる可能性があります。先ほどのヤマト運輸も先行企業として宅配便の市場で優位な市場地位を固めることに成功しています。

5　競争回避の戦略の現実的な考え方

競争回避ができなければ競争の軽減を狙う

このように、ブルーオーシャン戦略には、①競争のないブルーオーシャンの市場を探すことは簡単なことではない、②ブルーオーシャンでビジネスを成功させても他社の参入がありうる、という2つの難しさがあります。

実際に事業戦略を立案する際には、この2つの難しさを認識した上で、次のように考えていきます。

「できれば競争のないブルーオーシャンを探したい」、「全く競争のない市場を探すのが無理だとしても、できるだけ競争の少ない市場を探したい」、「競争が厳しいレッドオーシャンの真っ赤な市場ではなく、競争が比較的少ないピンクの市場を探したい」、「そしてその競争の少ない市場で市場地位を固めたい」と考えていきます。

ビジネスの戦略の考え方としては、競争をせずに勝つことができればベストです。競争を完全に回避できないまでも、競争の少ないところで戦う、競争を軽減するという戦略の考え方が重要となります。

他社との競争をできるだけ避けてビジネスを行いたいのです。

6　小さい市場に集中して市場地位を固めろ

中小企業はなるべく競争の少ない小さな市場でビジネスを行うことのほうが有利です。小さな市場であれば、大企業が参入してくる可能性は低くなります。

中小企業は経営資源が限られているので、その小さな市場に注力して、市場地位を固めることが得策です。いわゆる「小さな市場で市場シェアナンバー1を目指す」という戦い方です。

少ない経営資源を有効に活用するために、なるべく競争の少ない小さな市場を見つけて、そのビジネスに経営資源を集中させるべきです。

しかし、実際には、会社規模が小さいにもかかわらず、いくつもの小さなビジネスを始めてしまう中小企業が多いのには驚かされます。私のクライアント企業の中にもそうした会社がいくつかあり、事業構造の変革が経営課題となっています。

会社の経営資源が少ないのに、戦線を拡大してしまうと、経営資源が分散してしまい、競争力のあるビジネスをつくっていくことが難しくなります。また、社長が全ビジネスのマネジメントを行うのが難しくなってしまいます。大企業であれば優秀な幹部社員が大勢いますので、権限委譲してマネジメントしていけます。しかし、中小企業では幹部社員が育っていないことが多く、戦線の拡大はマネジメントを難しくしてしまうのです。

中小企業はまずは特定の市場に経営資源を集中させてビジネスの基盤をつくりましょう。その上で、将来的に新規事業の展開を含めて事業拡大を図っていくべきです。

7　顧客に選ばれるための差別化戦略

競争の中でのビジネス

競争を回避する、あるいは、競争を軽減することで、有利なビジネス展開をしたいわけですが、現実的には、競争の中でビジネスを行わざるを得ないということがどうしても多くなってしまいます。

競争のある中でどのような戦略をとるべきでしょうか？

顧客に選ばれるための差別化

競合他社との競争に勝っていくためには、お客様に自社の商品・サービスを選んで購入してもらわなければいけません。そのためには、お客様に選んでもらえる理由を持つことが必要となります。この「お客様に選ばれる理由」を持つことこそが、いわゆる〝差別化〟するということです。自社の商品・サービスは競合他社のものとは、この点が違う魅力となっているという特徴をつくり込むのです。

差別化されていない商品・サービスであれば、お客様から選んでいただくのは難しいですが、他の商品にはない、魅力的な特徴を持つことでお客様に選んでもらうのです。

この差別化という考え方がビジネスの戦略を考える上でとても重要となってきます。

8　低価格戦略の落とし穴

中堅中小企業は低価格戦略をとれない

一部の大企業であれば、大規模なビジネスの中で規模の経済を梃子にコストを下げることが可能となります。コストを他社よりも下げることができれば、市場価格で売ったときの粗利益を他社よりも多く確保できます。また、低価格で売ることで販売数量を上げるという低価格戦略をとることもできます。

しかし、中堅中小企業はビジネス規模が限られているので、コストを下げるには限界があります。そのため、低価格戦略はとれません。中堅中小企業の戦略としては、魅力的な高付加価値を訴えていく差別化戦略が基本となります。

ビジネスを行っていると売上を上げたいがために、価格を下げて売上を伸ばしたいという誘惑に駆られることがよくあります。しかし、コストが相対的に高い状況で価格を下げても利益を確保することは容易ではありません。

低価格戦略は自殺行為

低価格戦略をとるということは、ターゲット顧客を〝安さを求めるお客様〟にするということです。この〝安さを求めるお客様〟は、他にもっと安い商品が出てくれば、そちらに行ってしまいます。したがって、〝安さを求めるお客様〟をターゲット顧客とするのは避けるべきです。

もちろんビジネスですので、市場価格が下がってくれば、それに追随していかなくてはならないという面はあります。価格が下がれば下がるほど、中堅中小企業は厳しくなっていきます。自ら低価格戦略を仕掛けて市場価格を下げるというようなことは、決して行うべきではありません。

ビジネス規模の関係でコスト低減が難しい中堅中小企業は、低価格戦略とは真逆の、魅力的な高付加価値の商品・サービスを高価格で売るという戦略を展開すべきです。

9　顧客ニーズ起点の差別化戦略

お客さまの求める商品・サービスを創り上げる

特に人口減少を背景に市場縮小が進んでいく時代にあって、販売量を求めるのは難しくなっていきます。差別化された魅力的な付加価値を持った商品・サービスを高価格で提供するビジネスが、これからの時代にはより望ましいと言えます。

お客様が求めているもの（ニーズ）を見極め、自社の強みを活かして、そのお客様の求める魅力的で差別化された商品・サービスを創り上げます。

実はこの考え方は、まさにマーケティング理論の考え方と同じです。

第5章　マーケティング理論を使って〝儲かるビジネス〟を創れ！

この章では、ビジネスを行う上での基本的な考え方となるマーケティング理論のポイントについて説明します。

1　マーケティング理論はビジネスの基本

マーケティング理論を活用できているか

マーケティング理論はあまりにも有名です。経営者や幹部社員であれば、この理論の勉強をしたことがあると思います。

しかし、各社のビジネスのやり方を見てみると、マーケティング理論を使って〝儲かるビジネス〟を展開できている会社と、マーケティング理論の考え方が活かせないで〝儲からないビジネス〟を行っている会社に大きく分かれています。

そして残念なことに、中小企業ではマーケティング理論を活かせていない会社が多いようです。何事もそうですが、「知っていること」と「わかっていること」は違います。まして、「知っていること」と「やっていること」は違うのです。

是非、マーケティング理論のポイントをしっかりと理解して、それを自社ビジネスに応用することで、〝儲かるビジネス〟を創り上げてください。

販売とマーケティングの違い

「マーケティングの理想は販売を不要にすることである」とは、経営の神様と言われたピーター・

ドラッカー氏の有名な言葉です。

皆さんは、「販売」と「マーケティング」とでは、どのように違うと思いますか？

私は事業戦略などの研修を行う際に、よくこの質問を投げかけます。すると、様々な答えが返ってきます。マーケティング理論はビジネスの基本的な考え方であるのですが、残念ながら、必ずしもよく理解されていない方が多いようです。

図表７のように、販売は「（今ある）商品を売る」ことを指します。それに対して、マーケティングは、「顧客が買いたくなる商品を創って売る」ことを意味します。

販売が商品を起点としているのに対して、マーケティングは顧客ニーズを起点としています。

「今ある商品を何とか営業努力で販売する」という考え方ではなく、「売れる商品を創る」ことが先決です。「売れる商品」とは顧客のニーズに合致した、顧客が買いたくなる商品のことです。

今の〝売れない時代〟の中では、「売れる商品」づくり、そして「売れる仕組み」づくりを行うことが大切です。

顧客第一主義という言葉がありますが、それは接客のことだけではなく、商品づくりを、顧客ニーズを起点とすることから始まります。

【図表７　販売とマーケティングの違い】

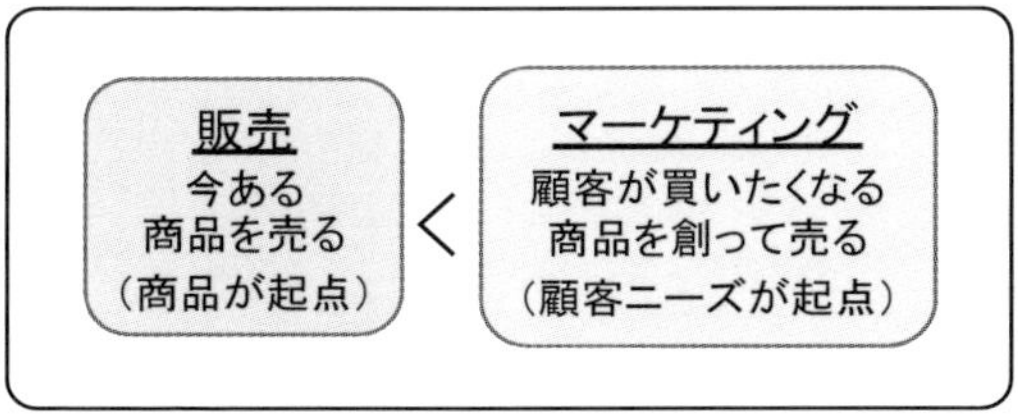
販売
今ある
商品を売る
（商品が起点）
＜
マーケティング
顧客が買いたくなる
商品を創って売る
（顧客ニーズが起点）

2 マーケティング理論の肝はＳＴＰ

マーケティング理論のポイント

マーケティング理論の中心となる考え方はＳＴＰです。Segmentation（セグメンテーション）、Targeting（ターゲティング）、Positioning（ポジショニング）の3つの単語の頭文字をとってＳＴＰと呼ばれています。

セグメンテーションとは、市場を団子で見るのではなく、市場を細かく細分化して視ることです。

ターゲッティングとは、その細分化されたセグメント（顧客区分）の中から、狙うべきターゲット顧客を決めます。

そして、そのターゲット顧客が求めているもの（ニーズ）を探り、ターゲット顧客にとって魅力的な差別化された商品・サービスを提供します。

ポジショニングとはその差別化のことを意味します。自社の商品・サービスは、競合他社の商品・サービスと比べてこのように異なっている、市場においてこのような立ち位置にあるという差別化のこ

【図表8　マーケティングのＳＴＰ】

S セグメンテーション （Segmentation）	市場を細分化する
T ターゲティング （Targeting）	狙うべきセグメントを決める （ターゲット顧客を決める）
P ポジショニング （Positioning）	ターゲット顧客にとって魅力的な 差別化された商品・サービスの コンセプトをつくる

とを意味しています。

①お客様のニーズに合致した商品・サービスを開発すること、さらには、②他社の商品・サービスとの差別化を図って、お客様に選んでもらい、購入していただけるようにすることが、ポジショニングなのです。

マーケティング理論はビジネスを行っていく上で基本となる考え方です。

マーケティング理論はすべてのビジネスの基本

前節のようにマーケティング理論の説明を行うと、「マーケティングは消費者を対象としたビジネスの理論なのだな。うちの会社のビジネスは消費者向けのビジネスではないから関係ない」と誤解される方が時々います。

しかし、その理解は間違っています。マーケティング理論はすべてのビジネスに当てはまるのです。

確かにマーケティング理論は、ＢtoＣ（Business to Consumer）（一般消費者向けビジネス）の世界を中心に発展してきた理論だとは思いますが、ＢtoＢ（Business to Business）（法人向けビジネス）についても、その考え方は応用できます。

どのような企業をターゲットにするのか、そのターゲット企業はどのようなニーズを抱えているのか、そのニーズを満たし、どのような差別化を図れば購入してもらえるのか、というようにマーケティング理論を応用していきます。

3　ＡＫＢ48はマーケティング戦略の賜物

ＡＫＢ48のマーケティング戦略とは

具体事例を使ってマーケティング理論の説明をしていきましょう。

国民的アイドルとなったＡＫＢ48は、まさにマーケティング戦略の賜物であるといえます。ＡＫＢ48は、アイドル業界のビジネスとしては、１つの商品と見ることができます。ＡＫＢ48という商品は、まさにマーケティング理論に則って創られた大ヒット商品なのです。

ＡＫＢ48のターゲット顧客と差別化のポイント（ポジショニング）をご存知でしょうか？

これについては有名な話なのでご存知の方も多いかと思います。プロデューサーである秋元康氏は、ＡＫＢ48という商品を創るにあたり、ターゲット顧客とポジショニングを明確に定めました。

ＡＫＢとは秋葉原の略で、ターゲット顧客は秋葉原の〝オタク〟です。オタクとは「自分が好きな事柄や興味のある分野に極端に傾倒する人を指す呼称」です。アニメ、玩具、コスプレ、ゲーム、アイドルなどの自分の趣味に深くはまって、その趣味のためにはお金を惜しまない人たちです。

ＡＫＢ48の差別化のポイント、ポジショニングは「会いに行ける身近なアイドル」です。秋元康氏は、オタクの聖地である秋葉原にＡＫＢ48劇場という常設の劇場を設置して、その専用劇場でＡＫＢのライブ（公演）を行うようにしたのです。

従来のアイドルのつくり方は、アイドルを雲の上のスターに押し上げるというものでした。テレビ、ステージ、グラビアの中で輝くアイドルとして、ファンからは遠い存在、憧れの存在として、アイドルをつくっていくというものでした。

それに対して、ＡＫＢ48のプロデュースでは、客席とステージが近い、こぢんまりとした専用劇場を秋葉原に設置して、ライブを行うことで、ファンとの距離を縮め、いつでも会いに行ける状態をつくりだしました。

テレビに依存するのではなく、ＡＫＢ48劇場という専用劇場で公演することで、また、頻繁に行われる握手会でＡＫＢは直接ファンと触れることで、熱烈なファンを増やしていったのです。

ＣＤ販売のビジネスモデルを根底から変えた

秋元康氏は、「ＡＫＢのメンバーは、プロ野球選手ではない。甲子園を目指す地方の弱小高校の野球部だ。下手でも本気で甲子園を目指して頑張っている姿が、観る人の心を打つ」と言っています。ＡＫＢ48のメンバーは必ずしも、歌や踊りが上手いわけではありません。むしろオーディションでは、敢えて〝完成されていない〟メンバーを選んでいるのです。

「今は下手でも、上手くなって甲子園に出られるようになりたい」と一生懸命に頑張っている姿が、秋葉原のオタクに深く突き刺さりました。「ファンがＡＫＢメンバーを育てる」という関係にあるのです。

ＡＫＢはグループで多くのメンバーがいますので、その中には自分のタイプの女の子がいるでしょう。ファンは自分の好きなメンバーを「押しメン」として個別に応援し、その子と握手したい、あるいは総選挙でその子のランキングを上げたいと、握手券や投票権の入ったＣＤを大量に買うようになります。

従来のＣＤ販売はいかに多くのお客様にＣＤを買ってもらうかが勝負でしたが、ＡＫＢのＣＤ販売は同じＣＤを熱烈なファンに何百枚と買ってもらうというものです。ＣＤ販売のビジネスモデルを全く変えてしまいました。

何年か前に、たまたまテレビを観ていたら、ＡＫＢの特番をやっていて、カメラが熱烈なファンの方の自宅に入り、「今までＡＫＢにどのくらいお金を使いましたか？」と質問する場面がありました。そのファンの方は一体いくらと答えたと思いますか？

何と、「２０００万円」と答えていました。

確かに自宅にはうず高くＣＤが積まれています。ただそれにしても２０００万円をＡＫＢのために使ってきたとはすごい話です。

もちろんＡＫＢファンがみんなそこまでお金をつぎ込んでいるわけではないでしょうが、自分の好きなことにはお金を惜しまないオタクの人たちならでは、と思います。まさにＡＫＢ48の〝いつでも会える身近なアイドル〟というポジショニングは、ターゲットのオタクに深く突き刺さったと言えます。

4　「マーケティングの４Ｐ」でマーケティング戦略を構築

マーケティングの４Ｐとは

ターゲット顧客を定め、その顧客が購入したくなるような魅力的で差別化された商品を開発できたら、次にその商品をどのように売っていくか、そのための具体的な戦略を立案します。

マーケティング戦略立案のための考え方として、「マーケティングの４Ｐ」があります。

図表９のように、商品（Product）、価格（Price）、販売チャネル（Place）、販売促進（Promotion）の４つの英語の頭文字がＰであることから、マーケティングの４Ｐと呼ばれています。

【図表９　マーケティングの４Ｐ】

商品 （Product）	**商品戦略** 顧客にどのような商品を提供するか？
価格 （Price）	**価格戦略** いくらで販売するか？
販売チャネル （Place）	**販売チャネル戦略** どのような販売チャネルで販売するか？
販売促進 （Promotion）	**プロモーション戦略** どのような広告宣伝、販売促進を行うか？

マーケティング戦略の構築

４つのＰ、即ち商品戦略、価格戦略、販売チャネル戦略、プロモーション戦略の４つの戦略を、どのように構成すればターゲット顧客に購入してもらえるかを考えて、トータルなマーケティング戦略を構築していきます。

大切なことは、ターゲット顧客の行動様式や商品の特性を踏まえて、4つのPを効果的、整合的に構築していくことです。

「整合的に」というのは、こういうことです。

商品が付加価値の高いものであれば、価格はそれなりの価格でなくてはいけません。価格はそれ自体でメッセージを発信しますので、安い値づけをしてしまうと、「安物なんだな」という印象を顧客に与えかねません。

また、販売チャネルも高額な商品であれば、それなりのチャネルを使うべきです。低価格商品が並ぶ販売チャネルで売ってはいけません。

プロモーション戦略も、高付加価値の高額商品であれば、そうしたイメージを訴求することが大切となります。

5　顧客に突き刺さるペルソナマーケティング

ペルソナマーケティングとは

ペルソナマーケティングが、最近のマーケティングの流れになってきています。マーケティング理論の発展形と言ってもよいでしょう。

ペルソナとは心理学用語としては人間の〝外的側面〟を意味しますが、マーケティングの世界でターゲット顧客の典型的な人物像のことを意味します。

ペルソナマーケティングの事例

ペルソナマーケティングの有名な成功事例としては、Soup Stock Tokyoが挙げられます。「秋野つゆ」という架空の人物をペルソナ化しています。

・都内在住の37歳の女性
・独身か共働きで経済的に余裕がある
・都心で働くバリバリのキャリアウーマン
・社交的な性格
・自分の時間を大切にする
・シンプルでセンスの良いものを追求する
・個性的でこだわりがある。
・装飾より機能を好む
・フォアグラよりレバ焼きを頼む
・プールに行ったらいきなりクロールから始める。
・・・・

といった具合に「秋野つゆ」というターゲット顧客の人物像を1人の人間として描いていきます。そしてこの秋野つゆだったら、満足しそうなメニュー、店舗設計、店舗立地を考えて、マーケティング戦略を構築していったのです。

その結果、わずか10年で売上高42億円、店舗数52店舗という成功を収めるまでになりました。

顧客に深く突き刺さるマーケティング戦略

従来型のマーケティングでは、ターゲット顧客は特定しますが、そのセグメントの顧客にも幅があります。ペルソナマーケティングでは1人の人物像を具体的に描くことで、狙うべき顧客のイメージが明確化され、さらには行動様式までも明らかになってきます。そのため、深く突き刺さるマーケティング戦略をつくり上げることができるのです。

マーケティング戦略をチームで練り上げるときに、ターゲット顧客のイメージがメンバー間で微妙に異なるということが起こりがちですが、ターゲット顧客のペルソナ化を行うことで、メンバーの持つイメージも特定されます。

このペルソナ化を行うことで、ターゲット顧客に〝深く突き刺さる〟マーケティング戦略をつくることができます。

是非、皆さんの会社のマーケティングに活かしてみてください。

第6章　戦略理論を深堀りして実戦に活かせ！

1　継続的な事業成長を目指せ

現状維持を狙ったら現状維持できない

市場が縮小してしまう今の時代に事業規模を拡大していくことは簡単なことではありません。だからと言って、現状維持できればよいと考えると、現状維持していくことすら難しくなってきます。

競合他社は事業成長を目指して頑張っている中で、自社だけが現状維持でよいという甘い考え方を持つと、他社との競争の中で市場地位を下げ、結果として事業規模が縮小してしまいます。

継続的な成長で社員にも報える

また、現状維持ができたとしても、それでは社員への給与支払いの原資が増えていかないので、社員に対して給与アップをすることもできなくなってしまいます。もちろん、社長の役員報酬も増やせません。

事業が拡大し、給与が上がり、ポストも増えるという状況をつくり出すことで、社員にも報いることができるのです。

会社は継続的な成長を目指していくことが肝心です。

2　視野を広げて事業拡大を図る

市場縮小する時代に必要な視野の広さ

売上高を伸ばしていくためには、今まで見てきたように、お客様のニーズに合致した、差別化された魅力的な商品・サービスを提供していくということが基本になります。しかし、市場の縮小が進む時代においては、事業展開の視野を広げる必要があります。

〝事業展開の視野を広げる〟とはどのような意味なのかを説明します。

事業展開マトリクスで考える

図表10の事業展開マトリクスを見てください。縦軸が自社の事業（商品）を表し、既存と新規で分けています。横軸は市場（顧客）を表し、これも既存と新規に分けます。

すると既存の商品を既存の顧客に売っている左上の四角が現状のビジネスが展開されている領域となります。

事業戦略を考える際に、ややもすると、この左上の四角、つまり既存の商品を既存の顧客に売るという範囲の中で考えがちです。

しかし、そうではなくて、既存の商品を新規の市場へ売り込む、あるいは、新規商品を既存市場に売り込む、さらには、新規商品を新規市場に売り込むといったように、事業展開の可能性を広く考えてみることが大切です。つまり、この図表10の4つの領域での展開を考えてみるべきです。

市場の縮小が進む時代ですので、事業規模の拡大を検討する際には、このように視野を広げて考えてみることが必要です。

【図表10　事業展開マトリクス】

		市場（顧客）	
		既存	新規
事業（商品）	既存	市場浸透戦略	新市場開拓戦略
	新規	新商品開発戦略	多角化戦略

紳士服業界の戦略

例えば、市場の縮小が進む紳士服業界において、青山、アオキなどの大手企業は、紳士服だけでなく、女性の服も取り扱うようになってきています。スーツ、礼服中心から、カジュアル衣料にも取り扱いを広げています。

また、近年のアオキの業績結果に関する報道記事を読むと、意外にも、婚礼事業が成長を牽引していることがわかります。結婚式場などの婚礼事業はアオキにとっては多角化戦略となります。その多角化戦略に成功しているのです。

たまたま、アオキの役員の方にお会いする機会があったので、なぜ、婚礼事業に参入したのかを聞いてみました。

すると、「アオキの強みはお客様に接する際の接遇の力にあるため、婚礼事業ではその強みを活かせるはずだという考え方で婚礼事業の参入に踏み切った」とのことでした。

多くの業界で市場の縮小が進んでしまう、これからの時代は、既存商品を既存市場で売っているだけでは成長を維持することは容易ではありません。広い視野で事業展開の可能性を探ることがますます重要となってきます。

売上を2倍にするには

前節では、事業領域を広く考えてみることの重要性をお話ししましたが、別の考える視点として、「売上を2倍にするには？」と考えることも重要です。

例えば、「売上を５％伸ばそう」と考えると、現在のビジネス展開の枠の中での発想となってしまい、事業を大きく伸ばす発想ができません。

戦略を考える場合に、〝ゼロベース思考〟で考えることが大切です。〝ゼロベース思考〟とは、既存の思考の枠にとらわれず、白紙の状態から自由な発想で考えることを意味します。

製造業のコストダウンを行う際にも、「５％のコストダウンをしよう」とすると、「材料を少し削って」というような、わずかな改善を考えてしまいます。そうではなくて、「コストを半分にするためにはどうしたらよいだろうか？」と考えると、設計の抜本的見直しから始まります。

戦略を考える際は、例えば、「5年後に売上を2倍にするためにはどうすればよいか？」と考えると、戦略の抜本的見直しに繋がります。今の〝売れない時代〟には、「売上を2倍にするには？」という考え方が重要になっています。

3 戦略立案にクロスSWOTを使うな！

中計策定には環境分析が大切

中計の策定にあたっては、外部環境としての会社を取り巻く事業環境と、内部環境としての会社の事業の状況、経営資源の状況、財務の状況などに関する情報を収集して、しっかりと分析していくことが必要です。

本書では詳しくは説明しませんが、ＰＥＳＴ分析、３Ｃ分析、財務分析、バリューチェーン分析、５フォース分析、ＳＷＯＴ分析、ＰＰＭ分析などの有効な分析手法があります。こうした分析手法を使って、環境分析を行っていきます。

環境分析の作業が不十分ですと、経営課題の把握が正しくできずに間違った戦略を立案しかねません。

【図表11　環境分析のフレームワーク】

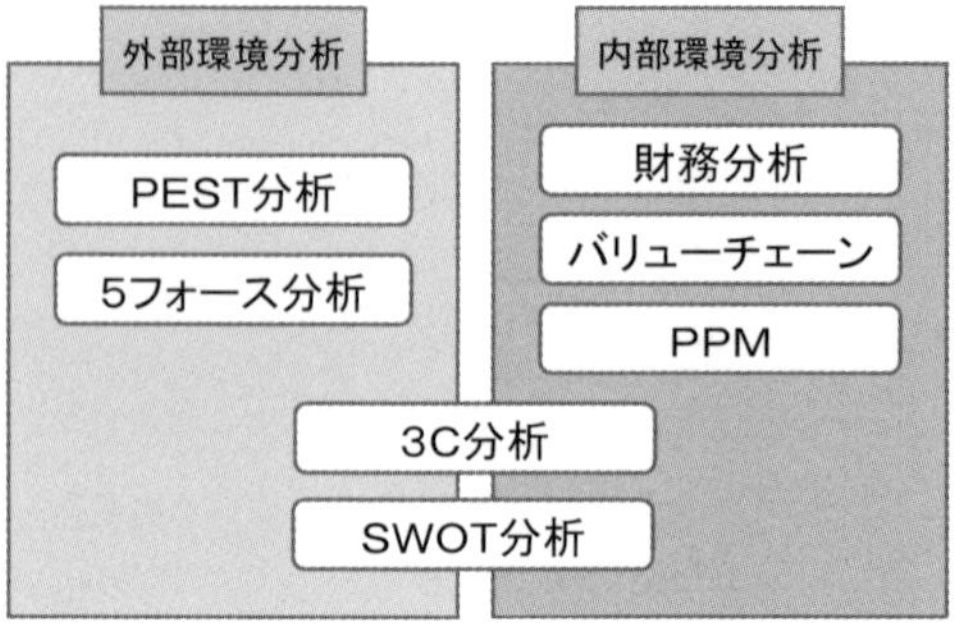

戦略立案のプロセスで重要なポイント

環境分析が終わると、経営ビジョンの設定と戦略戦術の立案のプロセスに入っていきます。

「戦略立案はクロスＳＷＯＴを使って行う」と書いてある書物を見かけますが、私の経験からはクロスＳＷＯＴは使うべきではないと考えています。クロスＳＷＯＴには戦略の選択肢を多く考え出すというメリットはありますが、それらの戦略選択肢は方向性がバラバラですので統合できるものではありませんし、時間の無駄になってしまいます。

【図表 12　クロスＳＷＯＴ】

		内部環境	
		強み（Strength）	弱み（Weakness）
外部環境	機会（Opportunity）	強み×機会 強みを活かして機会を利用する戦略	弱み×機会 弱みを克服して機会に挑戦する戦略
外部環境	脅威（Threat）	強み×脅威 強みを活かして脅威を克服する戦略	弱み×脅威 弱みを克服して脅威に対応する戦略

そして何よりも、クロスＳＷＯＴの最大の欠点は、戦略立案にとっての重要な視点が欠けてしまっているということです。

戦略立案で重要な視点は、①会社の経営課題、②事業のＫＦＳ、③会社の強み、④事業機会の４つです。

ＫＦＳとは、Key for Success、あるいはKey Factor for Successの略で、ビジネスの「成功の鍵」のことです。ビジネスには成功のための鍵があります。

例えば、医薬品業界や航空機業界であれば研究開発がＫＦＳとなります。化粧品業界であれば、研究開発と並んで広告宣伝がＫＦＳとなるでしょう。ファミリーレストランでは、多店舗展開、メニュー開発力がＫＦＳとなると思われます。それぞれのビジネスごとにＫＦＳがあるのです。

私の戦略立案の経験から、「自社が抱える経営課題を克服」しながら、会社を成長させていくために、「自社の強みを活かす」こと、「事業機会を利用する」こと、「ＫＦＳに注力する」ことを考えながら戦略を構築することが、間違いの無い戦略をつくる重要なポイントだと考えています。

4　差別化戦略について理解を深めよう！

差別化とは〝お客様から選んでもらえる理由〟

既存事業を伸ばす、或いは、新たな事業展開を始めるにせよ、お客様のニーズに合致した、差別化された魅力的な商品・サービスを提供することが必要です。

差別化とは、〝お客様から選んでもらえる理由〟と言い換えることができます。どのようにお客様から自社商品を選んでもらうか、差別化戦略は、今の〝売れない時代〟を勝ち残るために絶対に必要な戦略です。

差別化戦略を立案するためには、差別化の方法について理解を深めなくてはなりません。

差別化には３つの方法がある

差別化と言うと、まず、商品を差別化することが頭に浮かぶのではないでしょうか？

しかし、差別化は、必ずしも商品の差別化だけではないのです。

実は、①商品・サービス自体の差別化、②提供方法の差別化、③顧客サービスの差別化の３つの方法があります。

先ほど事業展開の可能性を広く考えることの重要性を見てきましたが、差別化を行う上でも視野を広く、考えてみることが大切です。

5　商品・サービス自体の差別化

3つの差別化の方法

商品・サービス自体を差別化するというのが最も一般的に行われています。

商品・サービスを差別化する場合には、（a）最高品質、最先端な商品・サービス、（b）顧客ニーズに突き刺さる革新的、ユニークな商品・サービス、（c）低価格で差をつける商品・サービス、という３つの方向性があります。

①最高品質・最先端な商品・サービス

最高品質、最先端な商品とは、例えばロレックスの時計やアップルの製品などが挙げられます。

最高品質・最先端な商品は高額であっても、それを買いたいという顧客は多いのです。

最高品質・最先端な商品の開発は資金力のある大企業が有利ではありますが、中小企業にも可能です。

その事例として、気仙沼ニッティングという会社を挙げます。

この会社は3・11の震災の後、気仙沼の復興に寄与したいとの思いで、御手洗さんという社長さんがつくった会社です。御手洗さんは、マッキンゼーという世界トップレベルのコンサルティング会社でコンサルタントをしていた経験を持っています。優秀なコンサルタントなので、普通のビジネスを普通のやり方で行うということはしません。〝世界で一番かっこいい〟セーターを手編みのオーダーメイドでつくって提供するという戦略をとりました。

商品の開発に当たっては、手芸系の会社と提携して理想の糸づくりから始めました。デザインは有名な編み物作家の方に、「着たくなる」セーターのデザインをお願いしました。編み手は気仙沼の地元の主婦の中から抜群に上手な人を選んで、練習をたくさんしてもらいました。

こうしたビジネス立ち上げの努力の結果、ビジネスは順調に立ち上がり、同社のセーターは人気商品となりました。

【図表13　3つの差別化の方法】

商品・サービス	最高品質，最先端、高付加価値		ロレックス、アップル、気仙沼ニッティング
	革新性，ユニークさ（顧客ニーズ合致）		ヤマト運輸、アトリエヨシノ
	価格競争力	コストリーダーシップ型	マクドナルド、ヤマダ電機
		ノンフリル型	QBハウス、俺のフレンチ
提供方法	購入の利便性		ネット通販、テレビ通販、コンビニ
顧客サービス	顧客の囲い込み		でんかのヤマグチ

皆さん、価格はいくらくらいだと思いますか？

何と、同社の主力商品は15万円です。高価格にもかかわらず全国から注文が殺到する人気商品になったのです。以前は、注文に生産が追いつかないため、同社のセーターは抽選に当たった人だけが購入できるという状態でした。今では編み手の人数も増え、1年待てば購入できるとのことです。

このモノ余りの時代、そして市場が縮小していく時代には、ありきたりの商品を普通の売り方で売ろうとしても売れるものではありません。商品・サービスを最高品質、最先端などの形で思い切り尖らせることが、１つの効果的な差別化の方法となります。

②顧客ニーズに突き刺さる革新的、ユニークな商品・サービス

この差別化はブルーオーシャン戦略に近い形となりますが、お客様のニーズを掘り当てて、革新的な商品・サービスを開発するという方法です。

例えば、少し昔の話になりますが、ヤマト運輸は宅配便ビジネスという全く新しいビジネスを創り出しました。今となっては、なくてはならない宅配便ですが、それ以前はそうしたサービスはなかったわけです。この新しいビジネスは多くの顧客を生み出し、広大な市場を創り出しました。儲かるビジネスということで、他社も市場参入しましたが、ヤマト運輸は先行企業の強みを活かし、市場地位を固めることに成功、40％超という高い市場シェアを誇っています。

もう1つ別の事例を紹介したいと思います。バレエの衣装を取り扱う、アトリエヨシノという会

社があります。

皆さん、バレエ衣装のビジネスをどのような形で展開したら、儲かるビジネスになると思いますか？

事業戦略を考える際の重要なポイントは顧客のニーズです。バレエ衣装を必要とする顧客のニーズとは、どんなことでしょうか？

バレエ衣装は高額です。例えば、自分の子供がバレエを習っていて、発表会のためにバレエ衣装を購入すると、経済的には大きな負担となってしまいます。年に数回しかない発表会のために、高額なバレエ衣装を買っても、子供は成長してすぐ着られなくなってしまいます。

アトリエヨシノでは、そうした顧客の〝お困り事〟を考えて、バレエ衣装のレンタルビジネスを展開しているのです。しかも、さらに工夫しているのは、バレエ教室の単位での申し込みでしか、レンタルできないという仕組みを考え出した点です。アトリエヨシノは、こうしたバレエ衣装など、舞台衣装のレンタルビジネスで売上を拡大しています。

ヤマト運輸やアトリエヨシノのように、顧客のニーズを探り当てて、ユニークなビジネスモデルを創り出すことで、差別化を行うという方法があります。

③低価格で差をつける商品・サービス

低価格を武器に他社と差別化する方法もあります。しかし、この戦略をとることができる前提として、低コストの構造を創り上げねばなりません。

大規模な事業展開により、規模の経済を活かす形でコストを下げるというコストリーダーシップ戦略があります。ただし、これを実現できるのは業界最大手の企業のみです。例えば、ハンバーガーチェーン業界ではマクドナルドです。圧倒的な多店舗展開により、規模の経済を実現、低コストの構造を創り上げています。

この戦略は業界最大手などの一部の大企業のみがとることのできる戦略です。

中堅中小企業はコストリーダーシップ戦略をとることはできません。

それでは、中堅中小企業には低コスト構造を創り上げられないか、と言うと、実は、規模の経済に頼らずに、コストを下げる方法があるのです。

その方法を私はノンフリル型と呼んでいます。それは、商品やサービスの中心となる核の価値だけを残して、それ以外のものを捨ててしまう形で商品・サービスを創り上げる方法です。

例えば、QBハウスはヘアカットのみに特化することで、〝10分1000円のヘアカット〟のビジネスを創り上げました。洗髪や髭剃りなどは行わず、ヘアカットのみに絞ることによって、コストのかかる水周りなどの設備は必要なく、また10分という短時間のサービスのために、客単価に占めるコストを大幅に削減することに成功しました。

そして、この10分1000円というサービスは、「手軽に散髪したい」というニーズを持ったお客様に深く突き刺さりました。その結果、1995年の創立から20年ほどで国内店舗数は500を超え、海外の店舗も100を超えるまでに成長しています。

俺のフレンチも、優秀なシェフと良質な食材というフランス料理の核となる価値だけを残して、あとは切り捨てる形で、低コスト構造を実現しています。

6　提供方法の差別化

差別化の方法は、商品・サービス自体を差別化するだけではありません。商品の提供方法で差別化することもできます。

流通業界を見ると、実店舗を展開している業態は、コンビニエンスストアを除き、軒並み苦戦しています。コンビニエンスストアは至る所にある、まさに便利なお店で、商品の品揃えも日常的な商品であれば十分です。商品だけでなく、ATMがあったり、公共料金などの支払いができたり、映画やイベントのチケットが買えたりと、多くの便利なサービスが利用できます。言ってみれば、〝購入の利便性〟が際立って高いのがコンビニというわけです。

多くの実店舗ビジネスが苦戦する中で、売上を急速に伸ばしているのが、ネット通販です。アマゾンに代表されるネット通販は、自宅にいながらパソコンなどで商品を比較しながら購入をすることができます。注文すれば翌日には商品が届くという便利さです。

一方、パソコンやスマホを使い慣れていない高齢者に人気なのがテレビ通販です。自宅でテレビを観ながら、ほしい商品を電話で注文することができます。

こうしたコンビニ、ネット通販、テレビ通販はまさに〝購入の利便性〟という提供方法の差別化でお客様の支持を受けているのです。

7　顧客サービスによる差別化

サービスによる顧客囲い込み

商品・サービス自体の差別化、提供方法の差別化を見てきましたが、もう１つ別の差別化の方法があります。

具体例で説明します。東京都町田市に「電化のヤマグチ」という電気屋さんがあります。１９６５年創業で町の電気屋さんとして住民に親しまれて発展してきた電気屋さんです。しかし、１９９０年代の後半になると、町田市にも、コジマ、ヤマダ電機、サトームセン、ヨドバシカメラなどの家電量販店が進出してきました。

皆さんがもし電化のヤマグチの社長だとしたら、量販店に囲まれながら、どのようにして生き残っていきますか？

商品の仕入価格は大量に仕入を行う量販店が圧倒的に有利です。量販店に対して価格勝負ができないことは明らかです。皆さんなら、どうしますか？

山口社長はこうした状況に追い込まれる中、夜も寝むれない日々を過ごし、生き残るための戦略を必死に考えたそうです。山口社長が考えたのは、徹底した顧客サービスによる差別化でした。

電化のヤマグチでは、お客様から「電球が切れた」と電話が入れば、飛んで行って電球を取り替えます。ビデオの録画予約の操作ができない高齢のお客様がいれば、毎週、録画予約をしてあげます。「家族で外出するので留守宅をよろしく」と頼まれれば、庭の植木の水遣りや犬の散歩もします。

ヤマグチではこうしたサービスを「裏サービス」と呼んで、社員がどのような裏サービスをしたか報告をさせています。もちろんこうした裏サービスは無料で行います。

お客様からは、「遠くの親戚より近くのヤマグチ」、困ったことがあったら何でもヤマグチに相談するというほど頼りにされています。

その結果、ヤマグチは原則値引きをしない高価格で商品を売っていますが、ヤマグチのお客様は、電化製品はすべてヤマグチから買うという状況を創り上げています。徹底した顧客サービスにより、お客様を囲い込んでいるわけです。

こうした徹底した顧客サービスは、大量販売を前提とする量販店には真似することはできません。ヤマグチは顧客サービスによる差別化で、量販店に囲まれながらも、20年以上連続で黒字を出し続けています。

顧客サービスによる差別化は中小企業に適した差別化戦略です。これからの時代にも、こうした徹底した顧客サービスによりお客様を囲い込むという戦略は有効ですので、是非、参考にしてください。

第7章　目標達成のための予算策定と実行管理の仕組み

予算の仕組みは会社経営の根幹です。会社を成長させるための予算でなくてはなりません。そして、予算達成を通して会社は成長していきますので、予算達成ができる仕組みが必要となります。

この章では、会社成長を実現するための予算のつくり方と予算計画を実行して達成していくための仕組みについて見ていきます。

1　売上予算の設定の仕方

過去の延長線上での目標設定では成長できない

第2章の「5　過去からの延長線上で決める予算」の箇所で見ましたが、売上予算の数字を設定する際に、売上高の過去実績の推移を見て、「今まで対前年比3％の伸び率できたから、来年の売上高目標も今年の3％増にしよう」と安易に目標数字を決めていませんか？

実際にこのように過去実績の推移から数字目標を安易に決めている会社が多くあります。しかし、こうした目標設定の仕方をしていては、会社を大きく成長させていくことはできません。

ストレッチ目標の考え方

前にも説明しましたが、目標設定の基本となる考え方は、ストレッチ目標です。

ストレッチ目標の考え方は、精一杯に手を伸ばして、何とか届くギリギリのところに目標を設定するというものです。

それは現状の延長線上で到達できるという意味ではなく、現状のままでは到達できないが、目標と現状のギャップを埋める戦略戦術を持って、精一杯努力すれば到達が可能となる、そのギリギリのところに目標を設定するということです。

不可能な予算では逆効果

戦略戦術を駆使しても、どんなに頑張っても届かない目標を設定してしまうと、社員は「どうせできっこない」としらけてしまします。

社員の〝尻をひっぱたく〟ために、わざと実現困難な高い目標を設定する社長がいますが、逆効果です。「この目標を何としても達成しろ！」と社長が声高に叫んでも、社員は頑張っている振りはするかもしれませんが、実際には「どうせ、そんな目標は達成できるわけがない」としらけています。

【図表14　戦略は現状と目標のギャップを埋めるもの】

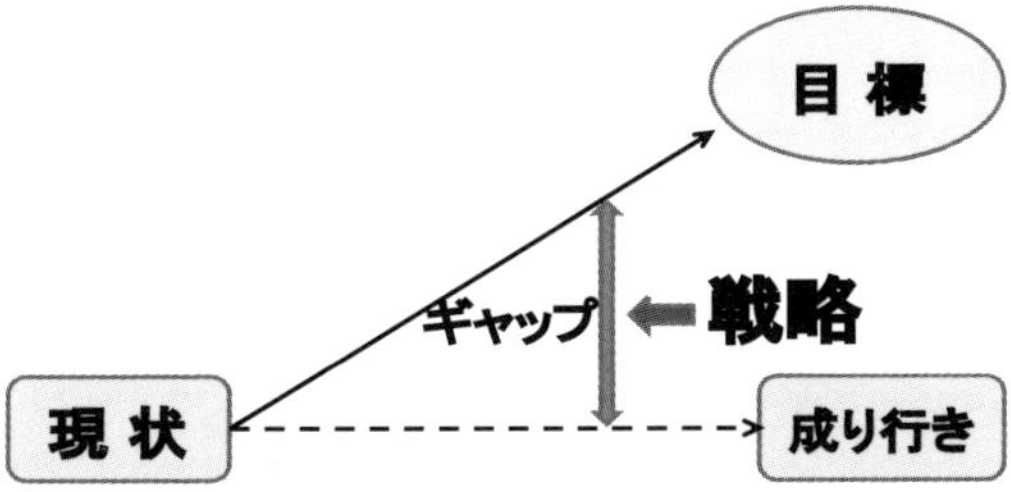

会社と社員を成長させる予算目標

逆に設定目標を低くするとどうでしょうか？

低い目標では達成したとしても、会社は低い成長しかできません。社員も成長することができません。

社員は難しい仕事を達成しながら力をつけていきます。社員は困難な仕事を行うとき、どのように進めればよいかを必死に考えながら、一生懸命にその仕事に取り組み、成果を出していくことで、成長していくのです。

戦略戦術を駆使して、精一杯に取り組むことで、達成できるような目標設定をすることが、会社と社員を成長させます。目標設定はストレッチ目標の考え方が基本となります。

2　社員全員が連携して成果を上げていける予算の仕組み

組織的連携がとれる予算計画

予算をつくり、予算達成を目指して計画を実行していくことが、会社経営のベースとなります。社員が計画を実行していくことで、組織的に連携した動きがとれ、会社組織としての成果に繋がっていくのです。

このように考えてくると、社員が計画的に連携しながら動けるように予算の計画をつくることが大切だとわかってきます。

単に全社の数値目標だけを掲げても、社員全員が組織的な動きがとれるわけではありません。組織的な連携をとれるようにするためには、どうしたらよいでしょうか？

全社計画のブレークダウン

予算計画を全社員で実行して目標を達成していくためには、全社計画をブレークダウンしていくことが必要となります。

ブレークダウンには次の２つの方向性があります。

①全社の計画を部門別にブレークダウンしていく。

②年間の計画を月次計画へとブレークダウンしていく。

全社一本の計数計画だけでは、複数の部門がある場合、自分の部門はどの程度の成果を出せばよいのかわかりません。全社の数字を各部門にブレークダウンしていくことが必要です。そして割当てられた予算目標を全部門が達成していくことで、全社目標の達成を目指します。

実際に予算をつくる作業としては、トップダウンで示される全社の計数目標を予算の事務局で各部門に割り振り、各部門と擦り合わせを行いながら最終の計数計画をつくっていきます。

年間計画だけあっても、計画実行の進捗管理を行うことができません。そのため、全社と各部門の年間計画ができたら、今度はその計画を月次の計画にブレークダウンしていきます。月次計画があれば、毎月、計画の実行状況をチェックすることができます。

トップダウンかボトムアップか？

前節では、「全社計画を各部門にブレークダウンしていく」という説明をしました。これは予算策定をトップダウンで行うイメージです。しかし、実際の予算実務では、社長からのトップダウンと各部門からのボトムアップの微妙な組み合わせとなります。

会社によっては、完全にトップダウンで決めている、あるいは、逆にボトムアップでつくっているということがあるようです。しかし、私はトップダウン、ボトムアップの組み合わせで予算をつくることがよいと考えています。

トップダウンでの予算策定は、押し付けの予算になってしまい、社員が予算に対するコミットメントを持てなくなってしまう恐れがあります。また、現実的に達成不可能な予算となってしまう恐れもあります。さらに、予算を月別客先別の数字など詳細にブレークダウンしていくのが難しいという面もあります。

一方で、ボトムアップだけで予算をつくっていくと、どうしても楽に達成できる予算となってしまいがちです。これでは、会社を成長させていくことができません。

社長が全社目標の数字を示して、幹部社員と擦り合わせながら、予算の詳細を組み立てていくという形が望ましいです。予算には「会社を成長させるストレッチ目標」という要素と、「月別客先別など詳細なブレークダウン」という要素の2つを満たす必要があるので、全社目標は社長が、詳細なブレークダウンは各部門が主体となります。そして両者の擦り合わせが重要となります。

戦略戦術の裏づけ

予算というと、計数計画が頭に浮かんでくる方が多いと思います。しかし、計数計画だけでは、社員が組織的な動きをして目標達成することはできません。数字目標をどのように達成していくのか、そのための戦略戦術が必要となります。

「目標数字を達成するのは現場の責任だから、戦略戦術は現場でつくって実行しろ」という現場任せの社長もいるようですが、これでは完全に人頼みになってしまいます。

予算目標達成のための戦略戦術をつくり上げることについては、社長が責任を持って推進していくべきです。もちろん、社長1人で戦略戦術をつくるということではありませんが、社長がリーダーシップを発揮して、各部門の責任者と共に適切な戦略戦術を構築していくことが大切です。

実行計画への落とし込み

戦略戦術はつくっただけでは意味がありません。戦略戦術を確実に実行していかなくてはなりません。

そのためには、誰がいつまでに何を実行するのかという実行計画にまで落とし込む必要があります。戦略戦術を実行して予算を達成していくためには、実行計画の作成が不可欠となります。

3　予算実行のマネジメント

予算の進捗管理

予算の戦略戦術を実行計画に落とし込み、着実にその実行を進めていきます。社長は、予算計画の実行を現場に任せ切りにしてはいけません。計画実行の進捗管理を行う必要があります。

流通業などの業態では日次決算で進捗管理を行っている会社もありますが、本書では、多くの企業で行われている月次業績会議での進捗管理について説明をします。

また、月次業績会議で月次の実績と予算を対比する形で進捗管理している会社が多いので、まずはそうしたやり方での管理について説明します。

月次業績会議での予算実行マネジメント

毎月の月次業績会議で実績と予算の差異を見ながら、計画の実行が順調に進んでいるかどうかをチェックしていきます。実績と予算の差異を分析して、差異が大きい場合には、その差異が生じた原因を探り、問題を解決しながら予算の達成を目指します。

計画（Ｐｌａｎ）をつくり、それを実行（Ｄｏ）して、その進捗を評価（Ｃｈｅｃｋ）して、必要な解決策（Ａｃｔｉｏｎ）を行っていくというＰＤＣＡサイクルです。

月次業績会議は計画の実行をチェックして、必要なアクションをとることを決める場となります。したがって、月次業績会議においては、月次予算未達の場合は、未達の原因とその対応策を明らかにすることが必要となります。

予算未達となった部門長を叱咤するだけの月次会議を行っている会社が見受けられますが、そうしたやり方では予算達成は危ういと言わざるをえません。必ず各部門で予算差異の説明と対応策を具体的に記した資料を事前に作成させて、未達の部門長には予算差異が発生した原因と対応策を明確に報告させる必要があります。

そして、会議の席上で、いつまでに何をするという具体的な形で対応策を決めることが重要です。「頑張ります」の根性論ではなく、具体的に何をするかを決めるのです。

さらに前月決まった対応策の実行について、その後、フォローすることで、言い放しを防ぎ、着実に予算達成に向けて実行を進めていくことが大切です。

4　予算必達に向けた社長のリーダーシップ

予算必達に向けた社長の強い意志

予算達成ができるかどうかは、社員の頑張りによるところが大きいのは事実です。

しかし、その前提として、社長が予算必達に向けての強い意志を持っていることが必要です。社長が「絶対に予算を達成するぞ！」という強い意志を持たない限り、社員は本気にはなれません。

社長は予算必達のために月次業績会議や日常のマネジメントを行います。月次予算が大幅未達となったような場合には、社長が強いリーダーシップを発揮して、原因の究明と対応策の実施を進めていかねばなりません。社長が「何としても予算を達成して、会社を成長させていくぞ」という強い意志を持つことが必要です。

〝予算必達の職場風土〟を創れ

社員は予算達成に向けて努力し、達成することで、実力と自信を付けていきます。「予算は必達させるもの」という意識を社員全員に植え付けることが大切です。

〝予算必達が当たり前〟の職場風土を創りましょう。

毎年、予算達成を繰り返すことで、会社と社員を成長させ、さらに社長自身も経営者として成長していくことができます。

5　結果管理ではなく、プロセス管理で予算達成を目指せ！

結果管理の限界

予算実行のマネジメントについて、もっと掘り下げて考えてみましょう。

例えば、6月の売上高実績が大幅な予算未達となったとします。そうすると原因を分析して対応策を考え、実行することになります。

その場合の対応策とは、「問題を解決して同じような予算未達が起きることを防ぐ」ということと、「その未達額を今後どのように挽回していくか」ということの2つが目的となります。

しかし、大きく予算未達となった場合は、その後、その未達額を挽回して年度予算を達成していくことは容易ではありません。予算未達を発生させないことが理想です。

結果の管理とプロセス管理

どうすれば、より確実に予算達成を実現していくことができるのかを考えてみたいと思います。

「予算未達を発生させない」というマネジメントは可能でしょうか？

先ほどの6月実績の大幅未達のケースを考えてみましょう。

実はこの予算未達の原因は、6月以前に発生しています。

例えば、4月や5月の営業マンの提案営業の活動が不十分であったために、受注が獲れず、結果として6月の売上高が大幅予算未達となってしまったということが考えられます。

売上実績を予算と比較して差異を視ていくという月次業績会議のマネジメントの仕方は、「結果の管理」でしかないのです。

「原因」があって「結果」が生じます。先ほどの例では、提案営業活動の不足が原因となって、売上高の未達という結果が発生しました。営業現場のマネジメントにおいて、提案活動が不足すれば受注が獲れずに売上高の未達

【図表15　予算未達の原因発生】

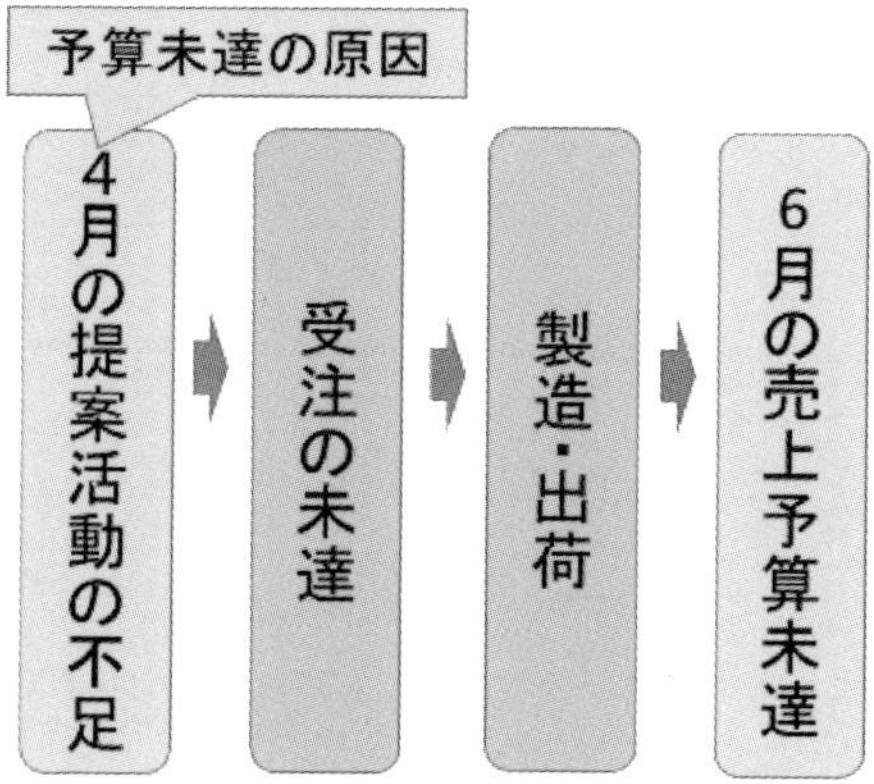

を発生させてしまうことを先読みしなくてはいけません。

提案活動というプロセスをしっかりとマネジメントすることで売上予算を達成していく必要があります。

プロセス管理が重要

会社全体として、各部門の業務活動が計画通り実施され、結果として全社計画を達成していくことが重要です。

月次業績会議の場で、結果としての売上実績を管理するだけではなく、各部門で毎月の予算達成という結果を出せるように、業務のプロセスをしっかりとマネジメントしていくことが肝心なのです。

そのためには予算策定の際に、予算と連動する行動計画を各部門でつくることが必要となります。営業部門であれば、重点顧客の設定だけでなく、顧客訪問回数、提案件数、新規商談数などのKPI（重要業績評価指標）も設定して、その実行をマネジメントしていくことが大切です。

また、月次業績会議では単に売上高実績や利益実績の管理だけでなく、プロセス管理としてKPIの管理をしていくことが求められます。

「結果の管理」だけでは後追いになってしまいますので、「プロセスの管理」もしっかり行うことで、予算達成を確実なものにしていきましょう。

6　実績値管理ではなく、見込値管理を行え！

実績値管理の限界

多くの企業では月次業績会議の場で、月次の予算と実績値を対比することでＰＤＣＡサイクルを回しています。例えば、７月に行う月次業績会議であれば、前月の６月実績値を６月予算と対比して進捗を管理しているのです。

しかし、残念ながら、この予算・実績値の管理は大きな問題を抱えています。

それは、実績値は過去の数字であり、その数字自体は変わりようのない〝死んだ数字〟だからです。いくら前月の数字を議論してもその数字は変わるわけではありません。

もちろん、６月の数字を視ながら、過去の問題点をあぶり出して、今後の対策を打つということはできます。しかし、これではタイムリーな対応はとれません。

前月実績に関する月次業績会議を翌月の中旬頃に開催している企業が多いようです。翌月の中旬に前月の結果について論じているのでは、対応がどうしても遅れてしまいます。

そして実績値管理を行っている会社の月次業績会議では、過去の問題点について論じているので、未達部門の責任者から、「このような問題があって未達となってしまったので、その点を解決して頑張ります」といった類の話になりがちです。そして今月の状況について聞かれると、「予算達成に向けて頑張っています」との回答が返ってきて、それで説明が終わりになってしまいます。

前月実績の数字で議論しているため、今月や今期の見通しについてはわからずじまいなのです。

月次で管理すべき数字は見込値

前節で実績値管理の限界について見てきました。それでは、管理すべき数値とは何なのでしょうか？　実は月次業績会議で管理すべき数値は、前月の実績値ではなく、今月の見込値なのです。実績値管理が当たり前と考えている会社が多いため、見込値管理の説明をすると、よく驚かれるのですが、先進企業では実績値管理ではなく、見込値管理を行っています。実際に大企業では見込値管理を行っている企業が多いですし、中堅中小企業でも、先進的な企業は見込値管理を行っています。

見込値管理とは、営業の各部門から今月はどのくらいの売上高になりそうかという見込値を提出してもらい、それらの数字を集計して、予算と対比します。

実績値管理しか知らない社長からは、「そんな見込値が出せるのですか？」という質問がよくありますが、実は出せるのです。

逆に、営業部門の責任者が今月の売上高はどのくらい行きそうかという見込みも持っていないようでは、あまりにも心許ないと言わざるをえません。各営業マンは自分の今月の売上がどのくらいになりそうなのかはわかっています。営業部門で各営業マンの見込値を集計することで部門の見込値は算出できます。

会社経営で重要なことは「先読み」です。先を読みながら事業経営を進めていく必要があります。前月の実績値は過去の数字なので、今月の見込値、今期の見込値という先読みの数値管理をしていくことが、タイムリーな打ち手を可能とします。

見込値管理の進め方

見込値管理の実務について説明をします。

各営業部の責任者は、各営業担当者から売上高の見込値について情報を吸い上げ、それらをまとめる形で部門としての見込値を定めます。売上高の見込値が出れば、経費の出費の状況や見通しを踏まえて営業利益の見込値を算出することができます。こうして算出された売上高と営業利益の見込値を使って、ＰＤＣＡを回していくのです。

見込値としては、今月（当月）と今期（当期）の数字があります。ここで今期というのは、半期の数字のことを指します。下期については上期実績と合算して年度の見込み数値として使うこともできます。

具体的には、３月決算の会社であれば、４月から６月までは議論の中心は今月の見込値となります。それは９月までの今期の見込値の精度がまだ低いからです。６月、７月になると議論の中心が徐々に今期の見込値に移っていき、８月、９月の会議では専ら今期の見込値に注目して、どのように今期の予算を達成していくかの議論となります。

月次業績会議の進め方のイメージは次のようになります。

事務局より全社の前月までの実績値と今月の見込値、今期の見込値について予算差異がどのようになっているか全社および各部門の分析結果の説明があります。その後、各営業部門の責任者から、実績値と見込値の予算差異の原因と対策について記載された資料をもとに説明が行なわれます。

見込値が予算未達となっている場合には、未達部門でどのような対策が打てるのか、その部門だけで未達額が埋められなければ、他の部門でカバーできないかなど、具体的な打ち手を検討します。どうしても今期の売上高が予算未達になりそうなら、経費を削減して利益をキープできないか、などと対応策の検討を進めていきます。見込値は実績値とは違い、今後のやり方によって変わりうる数字なので、前向きな議論ができるのです。見込値をベースに先読みをしながら、予算達成に向けて対応をしていくことが大切です。

高い精度での見込値管理を行うためには、予算を客先別や案件別などの積み上げで策定しておく必要があります。実績値管理を行っている会社が、見込値管理へと移行するのは、仕組みの大きな変更となるので少し時間がかかるかもしれませんが、是非、見込値管理へと経営のレベルを高めていってもらいたいと思います。

過去の実績値をベースにした議論と、今後の見込値をベースにした先読みの議論とでは、タイムリーな打ち手を打てるかどうか、決定的な違いがあります。是非、見込値管理を行うことで先読みの経営をしてください。

第8章　社員の教育と予算必達の意識づくり

今まで予算の意義、戦略や予算のつくり方、予算の実行管理の仕方などを中心に見てきました。しかし、いくら完璧に予算をつくったとしても、また、しっかりとした予算の実行管理の仕組みを持っていたとしても、予算が達成できるとは限りません。

それは、予算計画を実行して成果を出していくのは社員だからです。社員が日々の業務を通して、計画を実行して予算目標を達成していくことが必要です。予算を机上の空論としないためには、社員のマネジメントに目を向ける必要があります。

1　社員マネジメントと社員育成は企業成長の鍵

企業は人なり

「企業は人なり」という言葉があります。企業は人が集まってできた組織体ですので、組織の成果は人によってもたらされます。人、物、金の経営資源といいますが、人が最も重要な経営資源なのです。

適切な戦略戦術を立案して、中計や予算の形で万全な計画をつくったとしても、社員がその計画を遂行できなければ、意味がありません。

松下幸之助は「松下電器は人をつくる会社です。あわせて家電をつくっています」という名言を残しています。まさに社員を育成しなければ、社員は十分な成果を出せませんし、結果として会社は成長していくことができません。売上予算を達成して売上利益を拡大していくために、社員のマネジメントと育成の問題は避けては通れないのです。

実際に社員のマネジメントについて悩まれている社長、管理者は多くいます。私のコンサルティングでも社員マネジメントに関する相談は多いですし、また、セミナーにおいても社員マネジメントは関心の高い分野です。

どのようなマネジメントを行って社員に成果を出してもらうか、どのように社員を育成していくかは、会社経営や組織マネジメントにおいて重要な課題です。

2　社員が仕事で成果を出すためには

社員が成果を出すために必要な３つの要素

社員が仕事で成果を出すためには、図表16のように、Must、Can、Willの３つの要素の関係が重

【図表16　社員が成果を出すための３つの要素】

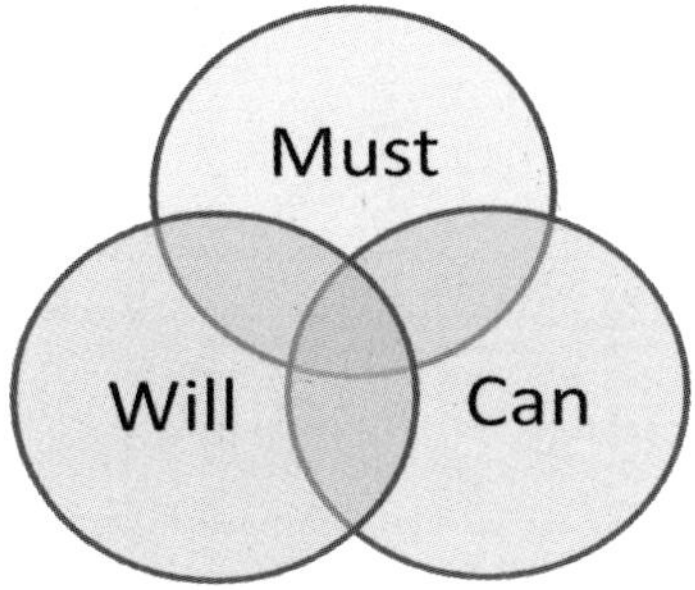

【図表17　能力開発の３本柱】

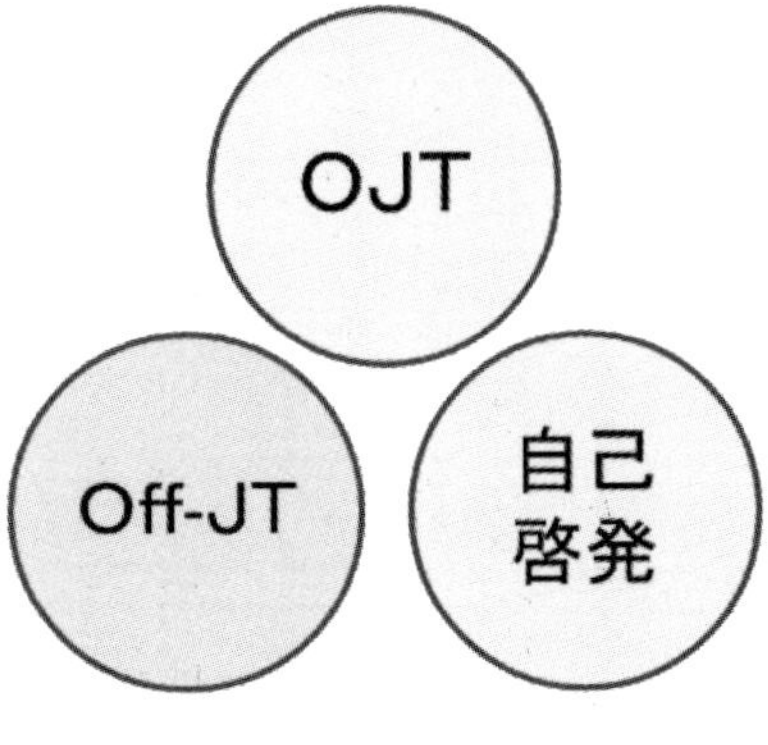

要となります。Mustとは、社員が行うべき仕事です。Canとは、その社員の能力、そして、Willは社員の意欲を表現しています。

そうすると、MustとCanが重なっていない部分については、その社員の能力ではその仕事ができないということになります。さらにMustとCanが重なっている部分については、能力的にはその仕事をできることを意味します。

しかし、MustとCanが重なってはいるが、Willが重なっていない部分については、その社員はその仕事を能力的には行うことができても、やる気が起こらないということを意味しています。

もちろん仕事ですので、無理やりやらせることはできますが、本人が義務的にやる仕事ですので、高い成果を期待することはできません。社員はモチベーション高く、仕事に取り組んでこそ、高い成果を出せるのです。

したがって、社長や管理者としては、社員に成果を出してもらうためには、社員のMust、Can、Willの3つの円を重ねていくという働きかけをしていくことが必要となります。

能力開発の3本柱

Canの円とMustの円を重ねていくというのは、どうしたらできるでしょうか?

Canの円をMustの円に重ねるということは、まさに社員の能力を高めること、即ち教育をしていくことに他なりません。

ここで、能力については、「能力＝資質ｘ訓練」と定義されます。人間の資質の差は微々たるものです。むしろ、会社に入ってからの会社の中での訓練の度合いによって、能力は決まってきます。訓練とは教育とか、育成、能力開発という意味合いです。

それでは社員の教育はどのように進めればよいのでしょうか？

「能力開発の三本柱」という考え方があります。その３本の柱とは、ＯＪＴ、Off-JT、自己啓発です。

ＯＪＴとは、On-the-Job -Training の略で、仕事を通して社員を教育していくことです。Off-JTとは、Offt-the-Job-Training の略で、職場から離れて研修等を通して教育していくことです。自己啓発とは、社員が自分の時間とお金を使って、自主的に学習していくことです。

この３本柱の関係は、あくまでもＯＪＴが中心で、それを補完するものとして Off-JT と自己啓発が位置づけられます。

3　社員の能力開発の進め方

ＯＪＴの進め方

ＯＪＴは仕事をしながら社員が学んでいくというものです。ＯＪＴで効果的に実力を付けていくためには、上司や先輩の適切な指導が欠かせません。管理者の役割の１つが、「部下の育成」です。日常の業務を通して、適切な指示・アドバイスを行いながら部下を育成していくことは、管理者の重要な責務なのです。

ＯＪＴの極意を見事に表現した、有名な言葉がありますので、紹介します。

「やってみせ、言って聞かせて、させてみせ、ほめてやらねば、人は動かじ」

「話し合い、耳を傾け、承認し、任せてやらねば、人は育たず」

「やっている、姿を感謝で見守って、信頼せねば、人は実らず」

これらは連合艦隊司令長官であった山本五十六の言葉です。まさにＯＪＴで部下を育成していく際の心構えを見事に表現した言葉だと思いますので、参考にしてください。

それにしても、命令一下、命を投げ出さねばならないような軍隊のトップの人間がこうした言葉を残したというのは大変興味深いことです。

Off-JTの進め方

Off-JTは、現場でのＯＪＴだけでは習得しづらい、体系的な知識やスキルを習得するために行うものです。Off-JTの典型例としては新入社員教育や管理者教育が挙げられます。

新入社員を何の教育もせずに、そのままに配属先に送り込んで、そこでＯＪＴでの教育を行うというのでは、現場の負担が大きくなります。入社後、集合教育の形で、社会人としての心構えやマナーなど、社会人としての基礎を教育してから配属先に送り出すべきです。

管理者教育も不可欠です。なぜならば、管理者の行うマネジメントは、それまで担当者として行ってきた現場の実務とは異なるものだからです。管理者の行うべき組織マネジメントには、管理行動の理論体系があります。大企業では管理者になる直前に、管理行動の理論や、戦略理論、会計など、管理者として必要な知識を学ぶ管理者教育が行われるのが一般的です。そうした会社では、管理者教育の受講が管理者になるための必要条件となっています。

中堅中小企業では余裕がないので、なかなか大企業のような教育の仕組みを持っている会社は少ないのが実情です。しかし、マネジメントの理論体系を知らず、自己流のマネジメントをしていては、組織の成果を生み出すことは難しいですし、部下の育成も効果的に行えません。

管理者教育が組織を強くする

私は経営コンサルタントとして顧客企業の支援を行う際には、社長に対する助言や支援だけでなく、幹部社員や管理者の研修を行うようにしています。それは、会社組織を強くするためには、管理者を教育することが不可欠だからです。

管理者は部下の意欲を引き出し、自部門の計画を実行して組織目標を達成していく、重大な責務を担っています。また、そうした過程の中で、部下の育成を行っていく役割も負っています。管理者が弱いと、組織成果を出すことができません。

したがって、管理者が弱体だと、予算の達成や業績の向上は難しくなります。

研修などを通して、幹部社員や管理者の意識を改革するとともに、マネジメント能力を引き上げることが会社組織を活性化、組織成果を向上させる近道となります。

管理者教育の重要性を実感

私は経営コンサルタントとして独立する前に、経営企画部の部長をしながら、教育研修部長を兼務したことがあります。それは転職をして入社した会社でのことでした。社長から「社員の教育をやってくれないか」と言われたのがきっかけでした。その会社では、新入社員教育は行っていましたが、それ以外の社員教育は、専門的な技術教育を除いては、ほぼありませんでした。

社長からの指示通り、まずは各本部の部長クラスの上級社員教育からスタートすることにしました。教育を開始するに当たり、上級社員の知識やスキルレベルに関するアンケート調査を行いました。当然のことながら、それまで管理者教育を受けたこともないため、組織マネジメント、会社法、戦略理論、会計など上級社員として身につけておくべき知識が備わっていないことがわかりました。

そうした実態を踏まえて教育カリキュラムをつくり、毎月2日間の上級管理者教育をスタートさせました。社長指示の研修なので対象者は全員参加です。最初は嫌々参加した幹部社員もいたかもしれませんが、研修で管理者にとって有用な知識が得られるということがわかると、全員熱心に受講してくれました。

もちろん私自身も、ディスカッションや演習、教育ゲームを多く取り入れ、受講者が楽しく受講できるように工夫しました。受講者から、「この研修は役立つよ。ありがとう」「次回の研修を楽しみにしているよ」と言われると、私も嬉しくなり、遣り甲斐を感じました。

当初1年間の予定で始まった上級社員研修はその後も継続実施となりました。また、2年目からは上級社員だけでなく、中級社員教育も開始され、さらには若手社員教育も行うようになりました。

こうした社内研修の結果、教育が始まる前の離職率は20％と高かったのですが、2年後には10％へと半減しました。また、売上高や利益も順調に伸びていきました。もちろん、こうした結果は、教育の効果だけではなく、他の要因もあったでしょうが、教育の効果は大きかったと感じています。

それまで自己流の組織マネジメントしかできなかった管理者が、管理行動の理論に基づく効果的なマネジメント手法や部下の意欲を引き出す実践的なマネジメント手法を身につけたお陰で、会社の各部門での雰囲気が良くなりました。その結果、離職率も下がり、組織目標の達成にも大きな効果があったと実感しています。教育効果の大きさを確信する出来事でした。

自己啓発の進め方

自己啓発とは、社員が自ら自分の時間とお金を使って学習していくことです。

自己啓発の手軽な方法はビジネス書などを読んで学ぶという形です。ビジネス書だけでなく、ビジネス系の新聞や雑誌も勉強になります。もちろん夜間や週末のビジネスマン向けの学校に通うという方法もありますが、これは少しハードルが高いかもしれません。

会社によっては、この自己啓発を促すために、通信教育に補助金を出すという制度を持っているところもありますが、私は社員1人ひとりが自己啓発を行っていくようになるためには、会社の風土というか、上司や先輩の影響が大きいと考えています。

私が本を読むようになったきっかけ

実は私自身、大学を卒業して会社に入社した時点では、本を読む習慣は身についていませんでした。ビジネス書を読むようになったのは、私が東芝に入社直後に配属された部署の直属の上司であった課長の影響でした。

その課長はとてもエネルギッシュな方で、仕事もバリバリこなしますし、社内のソフトボール大会では若い社員に混じって汗を流す、そんなタイプの上司でした。大変勉強熱心で、ビジネス書を多読されており、会社のキャビネットには自分が買ったビジネス書をずらりと並べて「西田文庫」と呼ばれていました。

入社して初めてのお正月休みに入る前に、その西田課長から、「大塚君はこの冬休みには本を何冊読むつもりか？」と質問されました。本を読む考えなど一切なかった私は答えに困っていると、「本を読む習慣を身につけないといけないよ」と言われたことを今でも覚えています。それ以来、ビジネスマンは読書をしないといけないんだと思うようになり、ビジネス書を読むようになりました。

もうお気づきの方もいるかと思いますが、私が東芝に入社して最初の課長が、後に東芝の社長となった西田さんでした。私が西田さんの下で働いたのは、この入社直後の一時期だけでしたし、私は20年働いた後、東芝から転職をしましたので、西田さんが社長に就任してからの様子は新聞報道等で耳にするくらいです。

東芝の不適正会計の問題で西田さんの関与が取り沙汰されていますが、私の西田さんのイメージは当時の課長時代の、私にビジネスマンとしてのあり方を教えてくれた恩師としてのものです。

自己啓発の風土づくり

少し話が横道にそれましたが、自己啓発の話に戻しましょう。

自己啓発は極めて重要です。その時々で行っている仕事の内容に関連させてビジネス書を読み重ねていくことが、ビジネスパーソンとしての実力を高めていく上で欠かせません。

本の中には著者の知識・ノウハウが詰まっており、２０００円前後の手軽な価格で購入できます。自己啓発は自己投資とも言えます。身銭を切って勉強することで、将来、その投資や努力の結果は必ず自分に返ってくるものです。

私は会社から帰宅する電車の中で本を読むということを習慣にしましたが、この1時間弱の時間だけでも平日毎日となれば、かなり多くの本を読むことができます。

自己啓発で社員が実力を高めてくれれば、会社にとっては何よりです。会社として、社員一人ひとりが自己啓発としてビジネス誌やビジネス書を読むように働きかけたいものです。

自己啓発は社員に強制すべきものではないので、社長、経営幹部、管理者が率先して自己啓発に取り組むことが必要です。そうした幹部社員の後姿を見て、社員1人ひとりが自己啓発を行うようになることが望ましい形です。会社の風土づくりと言ってもよいかもしれません。

4　予算達成に向けた社員のコミットメントが必要

能力だけでは成果を出せない

前節で社員の能力を高める教育について説明しました。仕事で成果を出すためには、その仕事をやり遂げることができるだけの能力が必要です。

しかし、「社員が成果を出すために必要な3つの要素」のところで説明したように、能力があるだけでは、成果を出すことができません。その仕事をやり遂げるための意欲を引き出すことが重要です。

予算達成のためのコミットが必要

予算達成のためには、社員1人ひとりが「何としても予算を達成するぞ!」という意欲を持つことが必要です。日産のゴン会長が、社員の計画達成に向けたコミットメントの重要性を強調されていますが、まさに予算の達成に向けた社員1人ひとりのコミットメントが無ければ、ストレッチ目標の考え方で設定した高い予算目標は達成できません。

どうすれば、社員の予算達成へのコミットメントをつくることができるでしょうか？
そのためには、人間の心理や行動原理について理解を深める必要があります。
次節では、心理学で解き明かされた〝人間の行動原理〟について見ていきます。

5　人間の行動原理とは

基本的要求

〝人間の行動原理〟とは何でしょうか？

私は管理職の仕事を行っていく上で、自分のリーダーシップについて悩んだことがあります。その悩みを解決したいと、リーダーシップや部下マネジメントの本を読み漁りました。そうした時期に巡り会ったのが、「選択理論心理学」という最近の心理学の理論です。

私はそれ以前には理解できなかった人や自分の行動について、その心理学を通して解明することができました。また、その後の自分の部下マネジメントなどに応用して成果を出すことができたと実感しています。

読者の皆さんの参考になると思いますので、この心理学について簡単に紹介をさせていただきます。

この心理学は、「人間は自分の基本的欲求を満たす選択をしながら行動する」と説明しています。

【図表18　人間の行動原理】

人間の行動原理：基本的欲求を満たす選択をする

基本的欲求	内　容
愛・所属の欲求	愛し愛されたい、誰かと繋がっていたい
力・価値の欲求	自分を価値ある存在と感じたい
自由の欲求	自分の思うように自分で決めたい
楽しみの欲求	楽しいことをしたい、新しいことを知りたい
生存の欲求	生き永らえようとする欲求

（選択理論心理学）

「基本的欲求」とは、心理学の用語ですが、一般的にいう、「欲求」とほぼ同意です。基本的欲求には、「愛・所属の欲求」、「力・価値の欲求」、「自由の欲求」、「楽しみの欲求」、「生存の欲求」の5つがあります。

①「愛・所属の欲求」は、〝人と仲良くしたい〟、〝愛したい〟、〝愛されたい〟という欲求です。

②「力・価値の欲求」は一言で言えば、〝自分を価値ある存在と感じたい〟という欲求です。〝人から認められたい〟、〝褒められたい〟という、いわゆる承認欲求ですが、〝自分が価値あることをしている〟と感じたいという欲求も、この中に入っています。

③「自由の欲求」は、自分の思うように決めたいという、〝自己決定〟の欲求です。

④「楽しみの欲求」は文字通り〝楽しみたい〟という欲求です。ただ、〝新しいことを学びたい〟というような欲求もここに含めます。

⑤「生存の欲求」は、文字通り、〝生きながらえたい〟という身体的な欲求です。

人間は誰しも、この5つの基本的欲求を持っています。人によって、この5つの欲求の強弱の差はあっても、必ずこの５つの欲求があります。例えば、私の場合には、力・価値の欲求と自由の欲求は他の３つの欲求に比べて強いと思われますが、もちろん、他の３つの欲求もあるわけです。

人はこの５つの欲求を持っており、これらの欲求を満たすということを基準に選択しながら行動しています。これが人間の行動原理です。

〝人間の行動原理〟を通して人の行動が理解できる

私はこの心理学の理論に出会って、それまで理解できなかった人間の行動の理由がわかるようになりました。

例えば、私はスキーが好きだったので、若い頃は狂ったようにスキーをしていた時代があります。スキーは、用具はもちろんのこと、往復の旅費や宿泊にも金がかかります。まさにボーナスはスキーに消えてしまっていました。

スキー場でリフトに乗っているときなど、ふと、「何で自分はこんなにお金と時間を使ってスキーをしているんだろうか？」と思うこともありました。その頃は、まだ選択理論心理学を知らなかったので、自分の行動の理由がよくわからなかったのです。

選択理論心理学を学んでからは、自分がスキーにのめり込んだ理由が理解できました。スキーで滑っているときの爽快感や足裏で感じる雪の感触など、スキーは私の〝楽しみの欲求〟を満たしてくれるスポーツです。しかし、それだけではなく、「今よりも上達したい」、「人より上手に滑れるようになりたい」という、〝力・価値の欲求〟が私を突き動かしていたのだと思います。まさに、人間は欲求に突き動かされるのです。

6　部下のモチベーションを高めるマネジメント

部下マネジメントへの心理学の応用

人のマネジメントにこの心理学の応用をするときのポイントは、「上手に部下の基本的欲求を満たしてあげる」ということです。人間は自分の基本的欲求が満たされるときは、モチベーションが高まります。逆に基本的欲求が阻害されるときは、モチベーションが下がります。したがって、上手に部下の基本的欲求を満たすことで、部下のモチベーションを高めることができるのです。

では、具体的にどのようにすれば、部下の基本的欲求を満たし、モチベーションを高めることができるかを見ていきましょう。

①笑顔で接する

人間は〝愛・所属の欲求〟と〝生存の欲求〟を持っているので、本能的に人の笑顔が好きです。笑顔を見るとホッとするのです。逆に、しかめっ面や怖い顔をしている人を見ると、嫌な気分になります。それは〝愛・所属の欲求〟や〝生存の欲求〟が阻害されるからです。

したがって、社長、経営幹部、管理者は常に笑顔で社員に接することを心掛ける必要があります。芸能界のアイドルはいつも笑顔でいられるように努力をしています。社長や幹部社員も、部下のモチベーションを高めて成果を出させるのは仕事ですので、笑顔をつくる努力を、これも仕事だと思って行ってください。トイレの鏡に向かって笑顔の練習をしましょう。もちろん、他の人がいるときはできませんが…。

②こまめに声をかける

社員は社長や管理者から声をかけてもらえると嬉しいものです。逆に無視されると悲しい気持ちにすらなります。それは、人間は〝愛・所属の欲求〟や〝力・価値の欲求〟を持っているからです。声をかけてもらうことで、繋がりを感じたり、また、大切にしてもらっていると感じることができます。人間は自分を大切にしてくれる人のことを好きになりますし、その人のためなら頑張りたいと思うようになるのです。

③話を聞く

人間は自分の話を聞いてくれる人を好きになります。それは、人間は、〝愛・所属の欲求〟、〝力・価値の欲求〟、〝楽しみの欲求〟を持っているからです。特に社員は、社長や管理者に自分の話をじっくり聞いてもらえれば、それだけで感激ものです。

逆に、人から嫌われたいと思ったら簡単です。人の話を一切聞かない、無視をするということをすれば、必ず相手から嫌われます。

多忙な業務時間中に社員の話を聞く暇などないという状況かもしれませんが、社員のモチベーションを高めるのは重要な仕事なので、何とか時間をつくって話を聞くべきです。もちろん、アフターファイブの〝飲みニケーション〟の機会を使うのも手です。

〝話を聞く〟という行為は受身的なイメージがあるかもしれませんが、エネルギーを使う能動的な行為です。聴くことで相手に対して大きな影響を与えることできます。そのためには、積極的傾聴のスキルを駆使して、相手が楽しく話ができる状況をつくり出すことが大切です。

積極的傾聴のスキルとしては、〝相手の目を見て聴く〟、〝うなずきながら聴く〟、〝相槌を打ちながら聴く〟などがありますが、それだけではなく、〝相手の言葉だけでなく、気持ちを感じ取るように聴く〟ことが大切です。「言葉を聴くな、心を聴け」が極意と言えます。

相手の言うことを批判的に聴くのはやめましょう。相手の言うことに必ずしも賛同する必要はありませんが、「この人はこのように考えているんだ」と相手を理解する、あるいは、相手を受け止めることが重要です。

「あの人と話をしていると楽しい」と言われるような人たちは、必ず聴き上手なのです。

部下の話を聴くという行為は、相手の〝愛・所属の欲求〟、〝力・価値の欲求〟、〝楽しみの欲求〟を満たします。これにより、相手のモチベーションを高めることができますので、是非、職場で実践してください。

④認める、ほめる

人間は〝認められたい〟という強い欲求を持っています。〝部下を認める、ほめる〟という行動は部下の〝力・価値の欲求〟をストレートに満たしてモチベーションを高めます。社長や幹部社員はこの〝部下を認める、ほめる〟という行動を部下マネジメントで積極的に行っていくことが大切です。

しかし、この〝認める、ほめる〟ということができない社長、幹部社員が多くいるようです。なぜでしょうか？

それは日本の文化や社会の特色と関わりがあると、私は感じています。私はアメリカとイギリスに通算9年間住んでいました。欧米と日本では教育に対する考え方が違うことを実感しています。日本では子供の欠点を直すことを主眼に教育します。それは家庭でも学校でも同じです。欠点やできていないことを直そうとするのが日本の教育です。それに対して欧米では、子供の長所を伸ばすことを主眼に教育が行われています。

イギリスに駐在していた時代に、娘が3、4歳になった頃、ゴルフの練習場に娘を連れていき、練習させせました。私は日本人ですので、娘にスウィングを教えるのに熱中しています。しかし、周りのイギリス人は子供に自由に打たせ、「ナイス・ショット！」を連発しています。イギリス人は子供をほめながら伸ばすということをしているのに対して、日本人の私は娘のフォームの欠点を直すことばかりやっているのです。

日本人は欠点を直すというやり方で小さい頃から教育されているため、人に接するときに、相手の欠点や短所に目が行ってしまいます。相手の長所を見るよりも先に、短所が気になってしまうのです。そのため、社員を認めることが難しくなってしまうという背景があります。

相手の欠点ばかりを見てしまうと、バイアスがかかって、その欠点が大きく見えてしまい、長所を見ることができなくなってしまいます。それではお互いに不幸です。社長、管理者は部下の長所をしっかり見るように心掛けることが必要です。長所や仕事の成果を直視して、部下を認めましょう。

そして、日本では〝ほめる〟という習慣が必ずしも根づいていないので、ほめることが苦手な人が多いようです。しかし、社長や管理者にとって、部下を認め、ほめることでモチベーションを高めることは、仕事ですので、是非、部下を認め、ほめられるようになりましょう。

ほめられれば、誰しも嬉しいのです。社員が望ましい行動をとったときなど、そのほめるべきポイントを指摘しながらタイムリーにほめましょう。社員の動きが見違えるほど変わってきます。

⑤期待感を伝える

人間は〝力・価値の欲求〟を持っているので、期待されればその期待に応えたいと頑張るものです。社長や幹部社員は部下に頑張って成果を挙げてもらいたいと期待しているはずです。その期待感を素直に社員に伝えることが大切です。

しかし、そんな単純なことがなかなかできない社長、幹部社員も多いのではないでしょうか？　社員が頑張るのは当然なことと考えているために期待感を伝える必要性を感じていないということもあるのかもしれません。また、期待感を伝えるというよりも、社員に対して命令口調になってしまうケースも多いようです。

命令口調の言い方は、社員にとっては、〝押し付け〟となってしまい、〝力・価値の欲求〟や〝愛・所属の欲求〟、〝自由の欲求〟を阻害してしまいます。

「この仕事は難しい仕事だけど、君ならできると思って、やってもらっているんだ。頑張ってくれ、期待しているよ」と言った、期待感を伝える言葉をかけられるようになりましょう。期待されていると感じられれば、社員は期待に応えようと頑張ってくれます。

⑥効果的に叱る

職場ですので、部下を叱ることが必要となる場面が当然あります。この〝叱る〟という行為は、管理行動の中で難易度が高いものです。〝叱る〟と〝怒る〟は全く別物です。〝叱る〟とは、〝相手の望ましい行動を促す動機づけ〟であり、相手が納得して行動を改善していくことが目的となります。

そもそも人間は、〝力・価値の欲求〟、〝自由の欲求〟、〝愛・所属の欲求〟を持っていますので、否定されること、怒られることは大嫌いです。怒られることで、社員は行動を変えることがあるかもしれませんが、それは仕方なく変える、あるいは変えたように見せるということであり、必ずしも納得して改善するということではありません。

効果的な叱り方をすることで、社員のモチベーションを下げずに納得して行動を改善させるように働きかけることが重要です。下手な叱り方で、社員のモチベーションを下げることは避けねばなりません。

効果的な叱り方のポイントを挙げます。

1　問題行動に限定して注意をします。決して人格否定をしてはいけません。

2　相手への期待感や成長を願う気持ちを込めて叱ります。

　相手は自分のために叱ってくれているのか、あるいは怒りをぶつけられているのかを敏感に感じ取ります。

3　問題点を指摘するとともに、そこから発生しうる悪影響について説明します。

4　改善することで得られるよい効果についても説明します。

5　今後の改善策や予防策について考えさせます。

「なぜ、そんなことをした？」と過去の出来事を責めれば、返ってくるのは言い訳だけです。むしろ「どのようにすれば、今後、同じようなことが起きないと思う？」と将来にフォーカスした質問にすべきです。

次の言葉は、怒ったり、責めたりと下手な叱り方をした場合の弊害を端的に表しています。

「責めても人は変わらない。いや、責めたら人は変われない」

⑦感謝する

そして、最後に〝感謝する〟です。

〝ほめる〟と同様に、社員や部下に対して、素直に感謝の言葉を述べられない社長や幹部社員も多いかもしれません。「給料をもらっているから働くのは当たり前だ」「もっと成果を出してもらいたい」等など、言いたいこともあるかもしれません。しかし、本当に社員に成果を出してもらいたい、頑張ってもらいたいと願うのであれば、社員に感謝することは大切です。

確かに給料を払っているかもしれませんが、社員が会社のために働いてくれるのはありがたいことです。社員がいなければ会社は立ち行きません。

社員は、社長や幹部社員から感謝の言葉をかけられたら嬉しいものです。

感謝の言葉は、相手の〝力・価値の欲求〟、〝愛・所属の欲求〟を強烈に満たします。感謝されて嬉しくないという人はいません。感謝されれば、自ずともっと頑張ろうという意欲が湧いてきます。社員のモチベーションを高めるため、そして社員を成長させるために、「ありがとう」の一言は大きな効果を生み出します。

社員の言動をしっかりと見て、社員が頑張っているときや、成果を出したときに、すかさず「頑張ってくれて、ありがとう」の言葉をかけられる社長、管理者になりましょう。

真のリーダーを目指せ！

部下のモチベーションを高め、部下を導き、組織目標を達成させる、〝真のリーダー〟を目指しましょう。

〝ボス型のリーダー〟と〝真のリーダー〟を対比した、有名な文章がありますので、紹介します。

ボスは人を追い立てる。リーダーは人を導く。
ボスは権威を笠に着る。リーダーは志を訴える。
ボスは「私」と言う。リーダーは「われわれ」と言う。
ボスは失敗を叱責する。リーダーは失敗を克服させる。
ボスはノウハウを自分の胸に秘めておく。リーダーはノウハウを伝える。
ボスは「やれ」と言う。リーダーは「やろう」と言う。

ハリー・ゴードン・セルフリッジ
（イギリスの高級百貨店「セルフリッジ」の創業者）

7　予算必達の意識をつくるためには

社員は押し付けられた目標・計画では頑張れない

人間は誰しも押し付けられるのは嫌いです。それは、〝自由の欲求〟を持っているからです。〝自由の欲求〟とは「自分で決めたい」という自己決定の欲求です。

もちろん、社長や幹部社員からの命令には従うでしょう。しかし、「業務命令だから仕方なくやる」ということであれば、高い成果が期待できるでしょうか？

社員が「予算を何としても達成するぞ！」という強いコミットメントを持つことが望ましいわけです。社員が予算必達の意識を持つように仕向けるのは、社長や幹部社員の仕事です。

それでは、どうしたら社員のコミットメントをつくり込むことができるでしょうか？

予算づくりに社員を巻き込め

前節で見たように、人間は押し付けられるのは嫌いです。そうであれば、「自分で決めた目標、計画」の形にできればよいのです。予算の計画づくりに社員を巻き込むことが肝心です。

規模が大きい会社であれば、そもそも予算計画を社長１人でつくり上げるのは難しいでしょう。規模の小さい会社の場合は、社長が１人で予算計画をつくることもできるでしょうが、１人でつくって、「これをやれ！」と社員に押し付けるのは避けるべきです。

予算を達成するためには、予算をつくる段階から、実行段階の社員のモチベーションについて配慮をする必要があります。少なくとも幹部社員は予算策定に参画させるべきです。

計画づくりの過程に幹部社員を参画させることは、ビジネス現場の情報をベースとした計画づくりができることになりますし、幹部社員のモチベーションを高めます。

もちろん、予算目標の数字など重要な部分については、社長が主導して決定すべきですが、それについても会社の成長に向けた社長の熱い思いを語りながら、幹部社員の共感と納得を得ることが大切です。

また、目標数字を達成するための戦略についても、社長が各部門長などの幹部社員と一緒に考えることが必要です。目標数字だけ示して、「それを達成する方法は勝手に考えろ」というのでは無責任過ぎます。目標数字の設定と戦略の立案を幹部社員と共に行いましょう。

【図表19　目標と目的の関係】

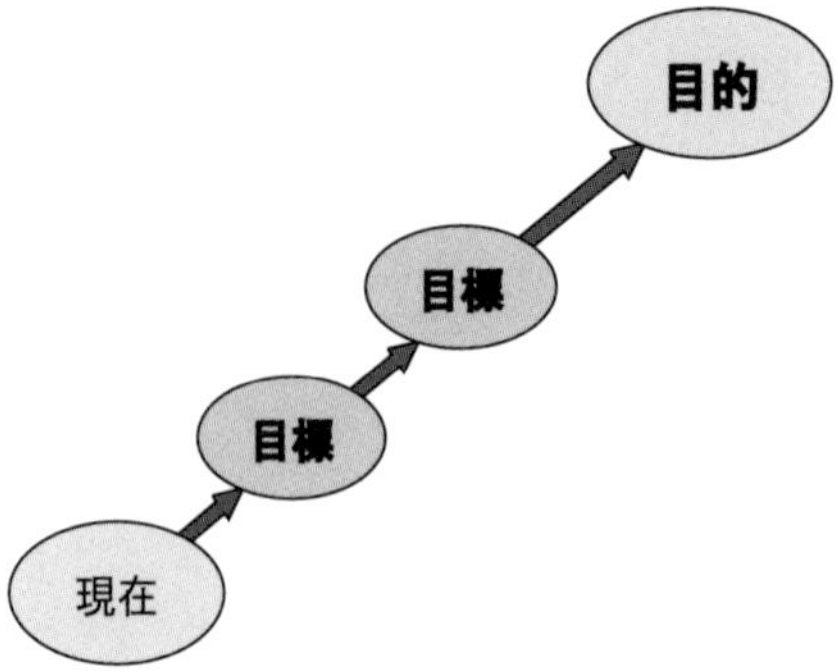

次に社長と幹部社員がつくった予算案をベースに、各部門で詳細な予算計画の策定作業に入ります。予算編成では顧客別の売上高、月別の売上高などのブレークダウンや積み上げの作業が行われますので、トップから示された予算案と各部門の積み上げの数字が乖離することがあります。その擦り合わせは丁寧に行いましょう。

「できっこない予算を押し付けられた」と思うと現場はしらけてしまいます。本気でその予算を達成しようとは思いません。

丁寧な擦り合わせを行うことにより、「自分達の予算」と思ってもらうことが大切です。

「目標」と「目的」の違い

社員に対して、〝笑顔で接する〟、〝こまめに声をかける〟、〝話を聞く〟、〝認める〟、〝ほめる〟、〝期待する〟、〝効果的に叱る〟、〝感謝する〟などの日常のマネジメントが、社員のモチベーションを高めることを説明してきました。また、予算策定に社員を参画させる、丁寧に擦り合わせをおこなうことが、予算達成へのコミットメントを高めるために重要であることをお話ししました。

さらにもう1つ重要なことがありますので、一緒に考えていきたいと思います。

読者の皆さん、「目標」と「目的」という2つの言葉がありますが、その意味合いの違いは何だと思いますか？

似たような言葉ですが、実は、この2つの言葉の意味合いは異なります。この違いを理解して、この2つの言葉を使い分けることがマネジメントでは重要です。

「目的」は最終的に到達したいと目指すべきものです。一方、「目標」はその過程において、さしあたって目指すもので、数字など具体的な指標であったりします。

会社の中では、例えば、経営理念や組織のミッションが目的で、予算は目標となります。

ここでマネジメントとして重要なことは、「目的と目標を切らない」ということです。

逆に「目的と目標が切れる」とはどういうことかと言うと、目標だけを示して、目的を言わないということです。目標である予算数字だけを示して、「これを何とか達成しろ！」というのは、まさに目的を示さずに目標だけを示している状態です。目的と目標が切れてしまっています。

社員は単に数字目標だけを示されて、「これを達成しろ」と言われても、押し付けられているという感じを受けるだけです。これでは〝ノルマ〟です。そうではなくて、目標数字を達成することが、将来の会社や組織の目的に繋がることを伝えなくてはいけません。

人は〝力・価値の欲求〟を持っているので、価値あることを成し遂げたいのです。当面の目標達成が将来の価値ある目的の実現のために必要であることがわかれば、モチベーションが高まり、頑張ることができます。

社長やリーダーは夢やビジョンを示せ！

社長は、将来、会社をこのような会社にしたい、事業を通してこのようなことを成し遂げたいという夢やビジョンを持ち、それを社員に語ることが大切です。会社の「目的」を示すのです。社員がその夢やビジョンに共感して、その実現に向けて頑張っていくという姿を創り上げたいものです。そうした経営のあり方が「理念経営」です。

目標数字だけを示すのではなく、目指すべき夢やビジョンを示すことが、社長の重要な仕事です。もちろん、これは社長だけのことではありません。管理者や職場リーダーは自分の組織のミッションや将来のビジョンを部下に語ることが大切です。

そして、予算を達成することが、将来の会社や組織のビジョンの実現に繋がる重要な仕事であることを社員が理解し、その価値ある仕事に意欲的に取り組めるよう、働きかけていくことが、予算必達のコミットメントづくりとなります。

社員に仕事の意義・目的を意識させろ

社長が夢を語る理念経営とは別に、各部門の管理者は、部下に自分の仕事の意義や目的を意識させることが、部下の仕事へのモチベーションを高めるのに有効です。

仕事の意義・目的というと、少し曖昧でわかりづらいと思いますので、具体例で説明します。

「３人の石工」という逸話をご存知でしょうか？

中世ヨーロッパを舞台とした逸話です。石工とは日本で言えば大工さんに当たります。

ある男が町を歩いていくと、工事現場に通りがかりました。男はその工事現場で働いている１人の石工に、「あなたは何をしているのですか？」と尋ねると、その石工は、「見ればわかるだろう。石を積み上げているのさ。重労働で大変な仕事だけど、働かないと食っていけないからね」と答えた。

別の石工に、「あなたは何をしているのですか？」と同じ質問をすると、「石を積み上げて建物を建てているんだよ。納期が４か月後に迫っているから、大変だよ」という答えが返ってきました。

さらに、別の石工に、「あなたは何をしているのですか？」と尋ねたところ、その３人目の男は、「教会をつくっているんだよ。教会が完成して喜ぶ、町の人たちの笑顔が眼に浮かぶようだよ」と笑顔で答えた。

さて、あなたはこの3人の石工の技術が同じだとしたら、誰が一番良い仕事をすると思いますか？

1人目の石工は自分の仕事を作業として捉え、お金を稼ぐために仕方なく働くという意識です。

2人目の石工も自分の仕事を作業として捉えていますが、納期を気にかけている点で1人目よりは意識は高いと言えます。

3人目の石工は、自分の仕事を作業として捉えるのではなく、〝町の人々の心を癒す教会の建設〟と仕事の意義・目的を意識しています。

仕事をお金をもらうための単なる作業として捉えているのでは、やる気は起こりませんし、良い仕事もできません。

自分の仕事の意義や目的を意識できてこそ、モチベーション高く仕事に取り組むことができますし、成果も高まります。

社長がこのような会社を創りたい、仕事を通してこのようなことを成し遂げたいという夢を持つことは、社長の会社経営という仕事の意義・目的を意識することです。

社長だけではなく、幹部社員、管理者が自分の仕事の意義・目的を意識して意欲的に仕事に取り組むべきですし、部下の社員に対して、自分達の仕事の意義・目的を意識させる働きかけを行うことが大切です。

人間は〝力・価値の欲求〟を持っているので、自分の仕事が大事な仕事であることを意識できれば、やる気は高まるのです。

第9章　予算必達のマネジメントの全体像

今まで、予算の仕組みを中心に説明をしてきました。ここまで読み進めてきていただいた読者の方は、もう既にお気づきかと思いますが、予算を必達させるためには、予算の仕組みだけでは不十分です。予算を軸に様々な仕組みや仕掛けを連動させていくことが必要です。

この章では、今までの内容を整理しながら、予算必達の仕組みの全体像を明らかにしていきます。

1　予算を軸に〝儲けるための仕組み〟をつくれ！

ハイパー予算マネジメント

予算の仕組みは会社経営の根幹です。しかし、予算の仕組み単独では、予算達成は容易ではありません。予算の仕組みを軸に、理念経営、戦略立案の仕組み、目標管理、部下マネジメント、社員教育などの仕組みや仕掛けを連動させていくことが必要です。

私は、この予算の仕組みを軸に様々な経営の仕組みや仕掛けを組み合わせたマネジメントの全体像のことを、ハイパー予算マネジメントと呼んでいます。

ハイパー予算マネジメントの全体像を明らかにしたいと思います。

①社長の熱い思いを語れ（経営理念との連動）

将来、このような会社を創り上げたい、事業を通してこのようなことを成し遂げたいという社長の熱い思い、夢を、社員に語ることの重要性について説明してきました。そうした社長の夢やビジョンに社員が共感して仕事に意欲的に取り組むという経営のあり方が理念経営です。

社員は機械やロボットではなく、感情を持った人間です。人間は基本的欲求を持っているので、基本的欲求が充足されるとモチベーションが高まります。社員が自分の仕事の価値を感じて、誇り

【図表20　ハイパー予算マネジメント】

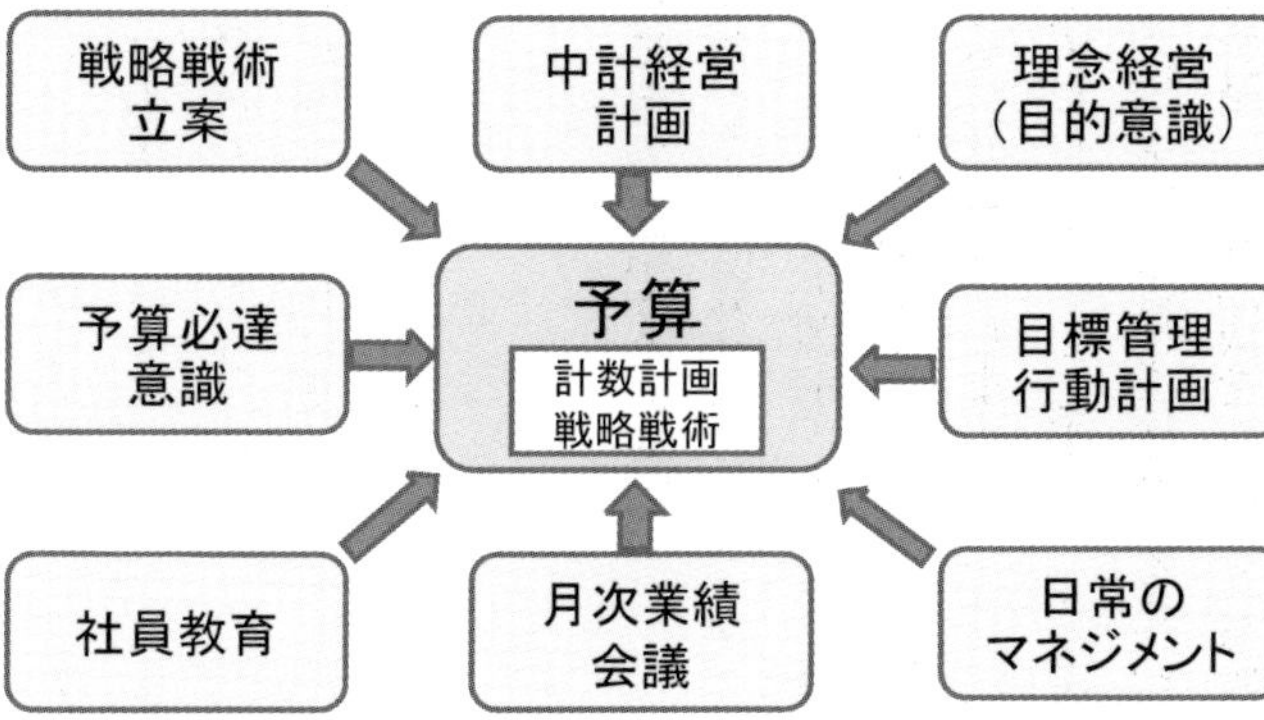

を持って仕事に取り組めるようにすることが大切です。社員にとっても、やり甲斐を感じながら仕事ができるということは幸せなことです。社員が意欲的に仕事に取り組む結果、よい成果をもたらしてくれることで、会社は業績を伸ばし、成長していきます。

②夢の実現のための中計と予算の連動

社長の夢の実現に向けて、中期的な経営戦略をまとめたものが、中期経営計画、いわゆる中計です。中計では、夢の実現に向けて、向こう３年間の会社の経営方針や経営戦略を定めます。

３年後には会社はこのようになっていたいという姿を表現したものが経営ビジョンです。３年後の売上・利益や事業展開のビジョンを具体的に表現します。そして、その３年後の経営ビジョンを実現させるための戦略戦術を立案し、計画に落とし込んでいきます。

予算は中計と連動する形で、今年度の計画として、より詳細で具体的な計画として策定されます。中計期間中の3年間、毎年の予算を達成できると、中計の経営ビジョンが達成できるという関係です。

予算計画をベースにPDCAを回しながら、夢の実現に向けて会社を成長させていくということが会社経営の根幹となります。

その意味で、予算は単独につくるものではなく、社長の夢やビジョン、そして中計との連動の中で策定されるものなのです。予算は、中計とともに、社長の夢を実現し、会社を成長させていくツールとなります。

③戦略策定の仕組みとの連動

予算というと計数計画というイメージをお持ちであった読者の方も多いと思いますが、「第2章　予算に関する多くの誤解」の「6　計数計画だけの予算」で説明した通り、計数計画を達成させるための戦略戦術が必要です。戦略戦術のない予算は、「絵に描いた餅」になりかねません。

予算は中計と連動しますので、必然的に予算の戦略戦術は中計の戦略と連動するものになります。中計で策定した戦略を、予算で、今年度に実行していく戦略戦術としてさらに具体化していきます。

「第4章　売上予算を達成するための戦略戦術を持っているか？」で説明した通り、会社が勝つための戦略、目標達成を可能とする戦略を立案することが大切です。適切な戦略戦術を立案するためには、第4章、第5章、第6章で説明したような戦略の考え方が重要となってきます。

④社員の行動計画への落とし込み（目標管理との連動）

全社レベルの予算は各部門レベルの予算に落とし込まれます。各部門の予算や戦略戦術は、その部門の社員1人ひとりの実行計画に落とし込まれることが大切です。社員1人ひとりの実行計画は、会社によっては目標管理という形となっていると思います。

目標管理の仕組みの場合、目標管理を考課の仕組みと捉えて人事部門がその管理をしている会社が多いようです。しかし、会社にとって予算を必達させることが至上命題なので、目標管理を単なる考課の仕組みとせずに、予算必達の仕組みの中に位置づけることが重要です。

全社員が一丸となって予算必達に向けて動くという状況をつくるためには、全社予算をブレークダウンしていって、社員の行動計画や目標管理に落とし込み、日常のマネジメントで実行を確実にしていくことが欠かせません。

⑤予算必達の意識づくり

予算を社員1人ひとりの行動計画、目標管理へと落とし込んだら、今度は社員がその計画を実行していくことになります。せっかく計画をつくっても、社員がその計画を実行する意欲を持っていなかったら、成果は出ません。第8章で述べたように、予算達成に向けた社員の意識づくり、コミットメントのつくり込みが必要となります。

そのためには、（a）社長が夢やビジョンを語る理念経営、（b）予算づくりへの社員の巻き込み、

（c）社員のモチベーションを高める日常のマネジメントが、重要になってきます。

「企業は人なり」です。社員が高いモチベーションと予算必達に向けたコミットメントを持った会社組織を創り上げることができれば、そうした会社は必然的に高い組織成果を生み出すことができます。

⑥実行計画、目標管理のプロセス管理

「第7章 目標達成のための予算策定と実行管理の仕組み」の「5　結果管理ではなく、プロセス管理で予算達成を目指せ！」で説明したように、月次業績会議での管理は結果管理になってしまいがちです。従って、社員1人ひとりの実行計画、目標管理の進捗を各部門で日常的に管理する、プロセス管理が重要となります。

社員1人ひとりの行動の結果が業績という形で結実するので、予算必達のためには、現場での日常のマネジメントがとても重要となります。

⑦月次業績会議での実行マネジメント

現場でのマネジメントの重要性を強調しましたが、もちろん、全社レベルで行う、月次業績会議での進捗管理が重要であることは言うまでもありません。

各部門が予算計画を確実に実行して成果を挙げつつあるのかを、月次業績会議で管理していきま

す。会社レベルのＰＤＣＡサイクルで言えば、月次業績会議は、現場の実行（Ｄｏ）を評価（Ｃｈｅｃｋ）して必要な打ち手を決める（Ａｃｔｉｏｎ）という重要な会議です。

この会議を形式的なものに終わらせずに、予算実行の実態を正確に把握し、問題の分析、対応策の決定を行う、予算必達のための会議としなくてはなりません。

その前提として、重要なのは、社長の予算必達に向けた強い意志です。社長が絶対に予算を必達させるという強い意志がない限り、幹部社員には甘えが出てしまいます。社長が予算必達の強い意志を持ってリーダーシップを発揮していかなくてはなりません。

また、この月次業績会議を実績値管理で行っていると、打ち手が遅れますので、見込値管理にしていくことが望まれます。

⑧管理者教育など社員教育との連動

今まで説明してきたように、予算必達のためには社員の意識づくりや日常の実行管理が重要となります。社員の意識やその実行をマネジメントしていく担い手は、主に管理者です。小さい会社であれば、社長が直接、社員のマネジメントを行なうこともできるでしょうが、会社規模が大きくなれば、そうした業務は管理者に権限委譲されます。

幹部社員や管理者が部下マネジメントを通して組織の成果を創出しますので、幹部社員や管理者の育成は極めて重要です。

社内教育では、まずは幹部社員、管理者向けの教育を優先させます。幹部社員、管理者が育てば、彼らが組織成果を高めるマネジメントを行えるようになりますし、部下の育成も進められるようになるからです。

さらに、一般社員もOJTだけでは十分ではないので、一般社員向けの教育も必要になります。教育の効果は、社員の能力を高めるだけでなく、社員の〝成長したい〟という欲求を満たすことになり、モチベーションアップに繋がります。

予算必達の強い組織を創っていくためには、管理者、一般社員の教育は不可欠です。

2　ハイパー予算マネジメントの位置づけ

会社経営は完璧を求めず、少しずつ改善

前節で、私がハイパー予算マネジメントと呼んでいる、予算の仕組みを軸とした経営の仕組みの全体像を整理しました。会社経営ですので、会社を成長させていくためには、こうした仕組みを整えていくことが重要となります。

しかし、これを読んだ読者の中には、「予算必達のためには、そんなに多くのことをしなければならないのか。そんなのは大変で、できっこないや」と感じられた方もおられるかもしれません。

確かに、マーケティング理論などを駆使して〝売れる仕組み〟を創るという戦略策定の仕組みなどは、ハードルが高いと感じられる社長は多いかと思います。また、実績値管理しか行っていない会社にとっては、見込値管理は難しいと感じられるかもしれません。

会社経営は、「０か1か」のデジタルの世界ではありません。極めてアナログな世界です。完璧を求めるのではなく、今よりも良くしていくという現実的な対応をしていくことが重要です。

したがって、このハイパー予算の全体的な仕組みを一挙に導入しようとする必要はありません。自分の会社の実態を踏まえて、少しずつ仕組みを整えていくことで、業績を徐々に改善していければ良いのです。

実際に私が中堅中小企業のコンサルティング活動を行う際にも、その会社にとって最優先で解決すべき事項を洗い出して、そこから着手します。一度に多くのことを解決することは不可能です。決して完璧を求めず、優先順位の高いものから改善していきます。

読者の皆さんも、自分の会社の実態を直視して、どの部分から着手すべきかを考えて、徐々に経営の仕組みを整えていってもらえればと思います。

ハイパー予算マネジメントのすべてを一挙に整えなくとも、特にできていない部分から改善していくことで、効果は必ず出てきます。

もちろん、徐々に改善していくのではなく、経営の仕組みを全面的に見直すという方法もあります。新たな発展を目指して第二創業を行う中で経営改革を進めていくような場合です

ハイパー予算マネジメントと第二創業

経営の仕組みを整備していくことは、いわゆる第二創業の位置づけで行われることがあります。第二創業は先代社長から後継社長に代わったことを機に行われることが多いようです。

先代の創業オーナー社長がカリスマ的リーダーシップで会社を牽引してきたのに対して、若い後継社長は経営の仕組みを整えて会社経営を進めていく必要があります。また、先代社長が創り上げてきたビジネスモデルが時代の変化とともに市場から受け入れられなくなってきているというケースが多くあります。

そうしたことを背景に、後継社長が、従来のビジネスモデルや事業構造の見直しと経営の仕組み、経営体制の見直しを行う必要に迫られ、第二創業を行うということがあります。

先代社長は従来のやり方で成功体験をしているため、経営環境が大きく構造変化していても、その変化に対応して経営改革を進めていくことが難しいという面があります。若い後継社長が中心となって第二創業を進めていくことが望ましいと思われます。

環境変化に対応して変化を続ける企業だけが生き残ることができます。第二創業は、環境変化に対応しながら、会社を進化させていく絶好の機会です。

後継社長に代替わりする際には、その後継社長を支える次世代幹部の育成も課題となります。後継社長と次世代幹部とが中心になって、第二創業を進め、時代に合致したビジネスモデルの再構築と経営の仕組みの整備を進めていきましょう。

第10章　予算マネジメントの改善で業績は必ず上がる

最後に、私の実際のコンサルティングの実例を通して、予算マネジメントの改善の進め方とその効果について見ていきたいと思います。

その後、最後のまとめをさせていただきます。

1　4期連続赤字企業からの支援依頼

業績低迷に悩む典型的な中小企業のコンサルティング事例

商工会議所関連の会合で、たまたま私の隣に座っていたのが、30歳代の若い製造業の社長さんでした。その社長さんは、会話の中での私のコンサルティング活動について興味を持たれたのがきっかけで、私のクライアントとなりました。

その会社は、売上規模約4億円の電子機器製造販売の会社です。業績は厳しく、3期連続で赤字を記録、4期連続の赤字見通しとなっていました。

日本では5億円以下の会社が大半です。業績低迷に悩む中小企業の典型的な会社といえます。

この会社が抱えていた経営課題

この会社は次の問題を抱えていました。

①会社規模に比して事業領域が広過ぎて経営資源の効果的な活用ができていない。

②社員の士気が低い。

③社員の動きが鈍く、組織成果が出ていない。

これらの問題の中で、①の事業構造の問題はこの会社特有のものといえるかもしれませんが、

②と③の社員に関わる問題は、実は多くの会社で社長が頭を痛めている問題なのです。
会社の成果は、最終的には社員の行動によりもたらされるので、社員のマネジメントについて悩んでいる社長が多くいます。もちろん、その陰には経営の仕組みの問題が隠れていることが多いのですが、表面的な問題としては社員の問題という形で顕在化してくるのです。

2　コンサルティング活動の開始

予算などの計画系のマネジメントが弱い

支援開始後、同社の月次業績会議を見学させていただきました。20分弱で終了する、形式的な会議でした。また、社長さんに今期の売上見込を質問すると、「高い予算目標となっているので、予算には大幅未達だが、前年に比べると売上は伸びている」との回答でした。

これらの様子から、必達目標の予算ではなく、努力目標の予算の位置づけであることがわかりました。

また、各部門の足並みが揃わないために新製品市場投入などが計画通りに進まないことがたびたび発生しているとの話もしてくれました。

これらは、予算の仕組みが機能していない会社の典型的な症例です。

社長を含めて、社内に予算必達の意識が低い。予算や新製品発売計画などの計画があっても、その計画に沿って社員が統制のとれた動きをするのではなく、マイペースで仕事をしている。
予算を軸とした計画系のマネジメントが弱い会社はこうした状況になりがちです。

経営支援の方針

経営課題③の「社員の動きが鈍く、組織成果が出ていない」という問題は、多くの場合、予算などの計画系のマネジメントの問題です。計画系のマネジメントが弱い会社では、社員はマイペースで仕事するという傾向が強く、組織成果が出づらいという問題を抱えています。

経営課題②の「社員の士気が低い」という問題も実は、③の「社員の動きが鈍い」と密接に関連しています。目標や計画に対する達成意欲、モチベーションに問題があります。

この会社の社長さんは「赤字が続いているので賞与の支給ができず、社員のモチベーションも上げられない」と嘆かれていました。この話を聞いて、この若い社長さんは、社員のマネジメント、とりわけ、社員のモチベーションを高めるマネジメントについて、十分に理解されてはいないなと感じました。

そこで、私は経営改善の進め方として、①の事業領域の問題については中期的な経営課題と位置づけて後回しにして、②「社員の士気」と③「社員の動き」の問題から着手することにしました。

これらは予算の仕組みを強化しながら社員の意識改革を進めることで改善できると考えたので

す。

3　支援活動の内容

予算の仕組みの強化

予算の仕組みを機能させるために、予算のつくり方、戦略戦術のつくり方、社員の行動計画への落とし込み方、月次業績会議の運営方法など予算マネジメントの基本を指導しました。

私の指導を受けた社長は、予算作成時に各部長に対して、予算達成に向けた戦略戦術の明確化を指示しました。

戸惑った部長もいたようですが、社長は粘り強くダメ出しを繰り返しながら戦略戦術を立案させていきました。

毎月の業績会議でも、各部長が報告する予算未達対応策をしつこくフォローすることで、予算必達への意識改革が進んでいきました。

また、以前は社員がマイペースで仕事をしていたために新製品市場投入などが計画通りに進まないという状況でしたが、社長は社員に対して、計画に沿って業務活動を行うこと、仕事の納期を必ず守ることを繰り返し訴えたことで、社員の意識改革が進み、組織として統制のとれた動きができるようになっていきました。

社員のモチベーションを高めるマネジメント

社長は「赤字続きで賞与が出せないため、社員のモチベーションを高めることができない」と考えていましたが、社員のモチベーションを高めるには、カネ以外の方法があり、むしろそれが重要であることを説明しました。本書の第8章に書かれている社員のモチベーションを高めて成果を出すマネジメントの仕方について、丁寧に説明をしていったのです。具体的には、社員に笑顔で接し、社員の話を聞くこと、社員をほめること、社長の夢を語ることなどの大切さを強調しました。

社長さんは、素直で理解力も高いので、すぐに社員への接し方を改めました。

社員とのコミュニケーションを増やし、社員の声に耳を傾けるようになったのです。私が特に示唆したわけではないのですが、社長交流会という社員との食事会を自主的に開催するようになりました。毎月一回、6名程度の社員を順番に社長主催の食事会に招いて、社員のやりたいこと等、社員の話をじっくりと聞くとともに、このような会社にしていきたいという社長の夢を語るといったコミュニケーションの場を毎月定期的に持つようになったのです。

管理者教育の実施

もちろん社員のモチベーションの向上は、社長が社員との接し方を改めただけでは、十分ではありません。日頃から社員に接している管理者のマネジメントが重要となってきます。

しかし、残念ながら多くの会社では、管理者が自己流のマネジメントを行っていて、部下のモチベーションを上げるどころか、モチベーションを下げているという実態が見られます。

そのため、わたしが支援に入るクライアント企業については、幹部社員や管理者に対する研修を必ずさせてもらっています。この会社の場合も、管理者の役割、組織マネジメントの方法、部下のモチベーションを高める接し方などについて、全管理者を対象に研修を行いました。

理論に裏打ちされたマネジメント手法を学ぶか学ばないかは大きな差があります。管理者にとってこうした管理者研修の受講は必須です。自己流のマネジメントは脱却してもらわねばなりません。

もちろん、一回の研修で効果を出していくには自ずと限界がありますが、クライアント企業での研修は、その研修を社長に後ろで聞いていてもらうことで、研修後も社長が管理者に対して研修内容の徹底を図れるというメリットがあるのです。

社内研修は研修の内容が社内での共通理解となり、共通言語化が図れるとともに、社長がその研修内容を引用する形で、徹底を図っていくことができます。

4　4期連続赤字企業が黒字化達成

業績の大幅改善

理解力、実行力のあるこの若い社長さんは、私の指導を受けて、予算マネジメントの仕方の変革、社員の意識改革、組織の活性化を推し進めた結果、1年半という期間の中で、会社を大きく変えていきました。社内の雰囲気は明るくなり、予算必達に向けた社員の意識、そして動きが変わってきました。

その結果、前年比40％近くの伸張率で売上は急拡大し、4期連続の赤字から脱却、3つの全部門が揃って黒字化を達成しました。

経営者としての社長の成長

経営コンサルタントとして、このような業績の画期的な改善が実現できたことは、もちろん嬉しいことでした。しかし、私にとって、もっと嬉しいことがありました。

それは支援させてもらった若い社長さん自身の成長です。

この社長さんは私の指導内容をしっかりと理解し、行動に移すことができました。会社の変革を進めながら、経営者としての力量を高めていきました。

そして、支援を始めて1年も経たないうちに、コンサルティングのセッションの中で、社長さんから社員への感謝の言葉が多く出るようになったのです。私は社長さんの経営者としての成長を実感しました。これなら必ず結果を出せると確信も持てました。

経営コンサルタントの仕事は、基本的にはクライアントである社長さんを通して、会社の変革を進めていきます。社長に寄り添い、会社経営に関するアドバイスを与え、また、孤独な社長さんを精神的に支えながら、社長さんが会社を良くしていくことをサポートします。

そうした仕事なので、社長さん自身が経営者として成長してもらうことが大切なのです。経営者として成長してもらえれば、自ずと結果は付いてきます。

5　経営のやり方が業績を決める

現実的な経営改善の進め方

このコンサルティング事例では、事業構造の課題は中期的な課題として後回しにして、予算マネジメントの改革と社員意識の改革に着手しました。この2つは互いに密接に関連していることもあり、この2つを進めるだけで、業績を向上させることができました。

もちろん、ハイパー予算マネジメントで示したように、会社経営の広い範囲で仕組みを連動させていくことが望ましいわけですが、個々の会社の実情を踏まえ、優先順位を定めて経営の改善に取り組んでいくことが現実的な経営改善の進め方となります。

ただ、いずれにしても組織的な成果を高めて業績を伸ばしていくためには、予算マネジメントが肝になります。

中計・予算をベースにした戦略的事業展開で優良企業に

前節で取り上げたのは、予算の仕組みはあっても上手く機能していなかったという会社事例です。

世の中には、予算をつくっていても上手く機能していない会社が多いので、典型的事例として紹介しました。

次に、私のクライアント企業の中の、ある優良企業の事例を見てみたいと思います。

その会社は40億円規模の中堅の金属部品メーカーで、超精密加工の高い技術を有する地域中核企業です。その社長さんは、後継社長として先代の跡を継いだ若い社長さんですが、極めて優秀な経営者で、中計や予算などの計画系の仕組みをしっかりとつくり込んでいます。

中計では約10年間の長期ビジョンを設定して、3回の中計を回すことで、その長期ビジョンを実現するという仕組みにしています。社長が大きな経営方針を示し、幹部社員がその計画の具体化をする形で中計の策定をします。同社の中計を見ると、強いビジネスモデルを創り上げていくための基本戦略が的確に策定されており、その基本戦略を元に具体的で詳細な戦略戦術が練り上げられています。

40億円規模の中堅企業にしては中計のレベルが極めて高いので、その理由を聞いたら、以前に大手コンサルティング会社に依頼して、中計の仕組みを導入したとのことでした。外部専門家を積極的に活用して会社経営のレベルを上げていくことができる社長さんなのです。

中計をベースとした戦略的事業展開を通して、強いビジネスモデルを創り上げ、技術の蓄積が進み、財務基盤も強固です。取引先を見ると大手企業の名前がずらりと並ぶ強い顧客基盤を創り上げています。また、驚くほど社風が良く、社員が生き生きと働いており、難しい仕事にチャレンジしながら技術力を高めています。

この社長さんはそうした会社の状況に満足することなく、さらなる企業成長を求めて、果敢に大規模な投資を行ない、大型の新規事業開発を進めています。

この会社は中計や予算をベースとした戦略的事業展開により優良企業となりました。さらに百億円企業を目指して成長戦略を展開しています。中計や予算といった会社経営の根幹となる経営の仕組みが会社成長の土台となっているのです。

経営のやり方で業績が決まってくる

私は東芝を振り出しに4つの会社に勤務しました。それらの子会社の経営にも関わりましたので、約30社の会社経営をみてきました。そして経営コンサルタントとして独立してからも、多くの会社の支援をさせてもらっています。

そうした体験から、経営のやり方が会社の業績を決めると確信しています。

会社の業績を伸ばし、会社を成長させていこうと思ったら、そのための経営のやり方をしないといけません。

本書では、会社経営のやり方として、予算を毎年必達させることで会社を持続的に成長させる経営手法について説明をしてきました。

6　会社の明るい未来を創っていこう！

社長や幹部の仕事

皆さん、図表21を見てください。これは仕事を4つの領域に分けたものです。Aの領域の仕事は緊急度も重要度も高いので、この領域の仕事の優先順位が一番高いことは明らかです。逆に、Dの領域の仕事は最も劣後することも明らかです。

問題は、社長や幹部社員としては、BとCのどちらの仕事を優先的に行うかです。どちらだと思いますか？

仕事は、次の2種類に分類することができます。「明日の飯をつくる仕事」と「今日の飯をつくる仕事」の2つです。

「今日の飯をつくる仕事」とは、商品の仕入・製造・出荷、既存顧客に対する営業活動、社内会議などの通常の業務活動、オペレーションです。こうした業務は当面の収益を稼ぐ上で必要であり、緊急性も高いので、日常、取り組んでいます。

【図表21　経営者・経営幹部の仕事】

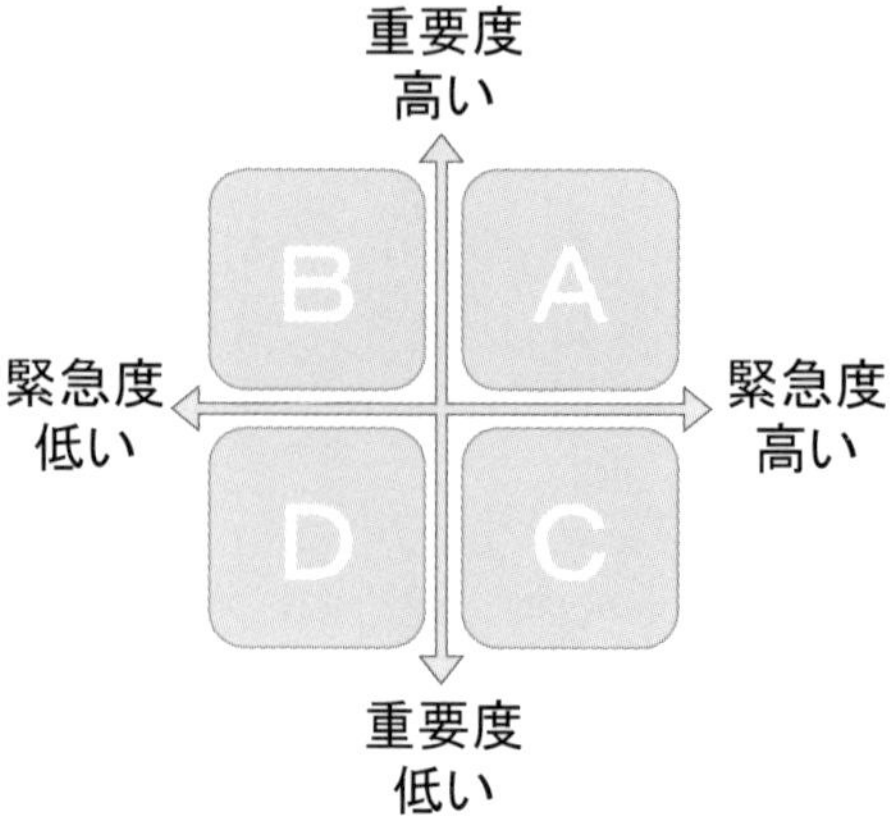

一方で、「明日の飯をつくる仕事」とは、中計、予算などの計画系の仕事、新規事業開発、業務改善、経営の仕組みの強化、社員教育などの緊急ではないが、将来の会社のために重要な仕事です。まさに、図表21のBの領域の仕事です。

社長や幹部社員の中には「今日の飯をつくる仕事」ばかりに気をとられている方がいます。もちろん、今日の飯をつくることは大切なので、プレイング・マネジャーとして取り組む必要もあるでしょう。しかし、こうした仕事は主に一般社員の仕事です。

一方で、「明日の飯をつくる仕事」は社長や幹部社員しかすることができません。社長や幹部社員が「明日の飯をつくる仕事」をなおざりにすると、その会社の将来は危うくなってしまいます。

「明日の飯をつくる仕事」は、「会社の未来を創る仕事」と言い換えることができます。

本書で解説してきた、予算を軸に会社を成長させていく仕組みを整えていくことは、まさに「明日の飯をつくる仕事」、「会社の未来を創る仕事」なのです。

社長の夢の実現に向けて、予算をベースにPDCAサイクルを回して、毎年、予算を達成しながら会社を計画的に成長させていくことが、会社経営の根幹です。その実行過程で社長、幹部社員、一般社員が、会社と共に成長していくことが、会社経営のあり方です。

是非、本書の内容から多くのヒントを掴んでいただいて、会社の明るい未来を創っていただければ、ありがたいです。社長、幹部社員の仕事は大変ですが、大きな責任を伴う、遣り甲斐のある仕事です。是非、頑張ってください。

あとがき

本書を最後までお読みいただき、誠にありがとうございます。

難しい経営環境の中で、多くの社長、幹部社員、管理者、職場リーダー、営業マンの方々が、売上予算の達成、売上利益の拡大に苦労されていると思います。

私が会社に入った1980年代は日本の会社は伸び盛りで元気でした。しかし、経営環境が構造的に変化して、今や、多くの会社が業績の伸び悩みという課題を抱えています。経済が成長している時代の会社経営やビジネスは楽ですが、経済が停滞している、〝売れない時代〟の会社経営、ビジネスはとても難しいものです。

私は経営コンサルタントとして、後継社長を中心に、中堅中小企業の経営者の支援をしています。経営者に寄り添い、経営の仕組みの導入、幹部社員の育成、組織の活性化を通して、業績を改善し、会社を成長させる取り組みをしています。

本書では、そうしたコンサルティング活動での経験も踏まえて、売上予算を必達させながら、売上利益を継続的に拡大していく経営手法を解説しました。また、経営手法に止まらず、ビジネス現場での実践的なマネジメント手法についても説明をしました。

本文では取り上げませんでしたが、日本では経営者の高齢化が急速に進行しています。経営者の高齢化を背景に、次の世代に経営をバトンタッチする、事業承継の課題を抱える会社が増えています。しかし、残念ながら、事業承継に向けた準備が進んでいない会社が多いという状況があります。創業社長にとって事業承継は、後継者の育成も含めると5年〜10年かかる最後の大プロジェクトのはずですが、自分の引退と直結してしまうこともあり、準備に重い腰が上がらないという社長が多いのです。

また、少子化や職業選択の多様化を背景に後継者不在の問題を抱える会社も多くあります。後継者不在のため、廃業してしまう会社が実際に急増しているのです。

事業承継が上手くいかない、あるいは、後継者が確保できないなどの理由で廃業してしまう会社が増えてくると、日本経済はますます活気が失われてしまいます。後継者不在の場合は、株式譲渡により第三者の会社に事業を承継するという方法もあります。

廃業せずにきっちりと事業承継をしてもらいたいものです。事業承継や第二創業が活発に行われることで、日本経済の新陳代謝が進み、活性化してくることを願っています。私は、そうした思いもあって、後継社長の第二創業の支援に力を入れていますし、また、株式譲渡の手法を含め、事業承継の支援も行っています。

事業承継や第二創業とも関連して、後継社長を支える次世代幹部の育成という課題を抱える会社が増えてきています。次世代幹部を育成したいというご要望に対して、私は、幹部として必要な知識・スキルをお伝えする6回〜10回の幹部研修を行なっていました。しかし、研修だけでは十分ではないと考えるようになって、昨年から、集合研修と個別コーチングを組み合わせた幹部社員育成プロジェクトを行い、効果の高さを実感しています。知識・スキルを体系的にお伝えするのは集合研修が効果的です。さらに個別セッションを加えることで、幹部社員が個別に抱えている問題を一緒に解決し、実務で成果を出しながら、成長させていくことができます。幹部社員の育成にはそうした方法もありますので、ご参考にしてください。

本書では、わかりやすい説明を心掛けたつもりではありますが、もしかしたら言葉足らずで、わかりづらかった箇所もあったかもしれません。その場合はご容赦願います。

読者の方々にとって、本書の内容が、少しでも経営や仕事へのヒントとなり、お役に立つことができたら、幸いです。

最後になりましたが、本書の出版に際しては、有限会社イー・プラニング代表取締役の須賀柾晶様にお骨折りいただきました。そして出版元の株式会社セルバ出版には本稿執筆の機会を与えていただき、また、私の執筆の遅れを辛抱強く待っていただき、何とか出版に漕ぎ着けることができました。心より感謝申し上げます。

２０１８年1月

株式会社セントエイブル経営　代表取締役　大塚直義

参考文献

『一倉定の経営心得』（日本経営合理化協会出版局）
『経営戦略立案シナリオ』（佐藤義典著／かんき出版）
『経営戦略の基本』（日本総合研究所　経営戦略研究会著／日本実業出版社）
『5年で売上2倍の経営計画をたてなさい』（小山昇著／中経出版）
『管理者の役割』（片山寛和著／経営書院）
『勝つための経営』（宮井敏臣著／明日香出版社）
『ドラッカー「マネジメント」のメッセージを読み取る』（落合伸夫著／ブイツーソリューション）
『自律とモチベーションの教科書』（真田茂人著／CEOBOOKS）
『逆転のメソッド』（原晋著／祥伝社）
『AKB48ビジネスを大成功させた7つの法則』（溝上幸伸著／あっぷる出版）
『スープで、いきます』（遠藤正道著／新潮社）
『気仙沼ニッティング物語』（御手洗瑞子著／新潮社）
『脱・値引き営業』（山口勉著／日経ＢＰ社）

著者略歴

大塚　直義（おおつか　なおよし）

株式会社セントエイブル経営　代表取締役／経営コンサルタント
東京大学 経済学部 卒業。MBA（ニューヨーク大学、ファイナンス専攻）
東芝の総合企画部、海外事業推進部、東芝ヨーロッパ社等の部門で、経営企画、新規事業開発、M＆Ａ・資本提携、海外事業推進等の業務を 20 年経験。
その後、ＩＴ企業等４社で事業推進本部統括部長、執行役員 経営管理本部長やグループ会社社長等の要職で経営幹部として活躍。
2013 年に経営コンサルタントとして独立。経営経験が少なく業績向上などの経営課題に悩む後継社長と幹部社員に " 増収増益が当たり前になる経営方法 " をお伝えし、『経営のプロに変える』サポートを提供、多くの企業を短期間で業績改善させている。また、M&A の支援も積極的に行っている。

コンサルティング・研修のお問い合わせ、
ご依頼はお気軽にこちらへ
株式会社セントエイブル経営
http://centable.jp
著者連絡先：otsuka@centable.jp

売上予算必達のマネジメント
ー"売れない時代"に売上利益拡大のキモ！

2018年２月20日　初版発行　　2025年２月17日　第 5刷発行

著　者　大塚　直義　©Naoyoshi Otsuka
発行人　森　　忠順
発行所　株式会社 セルバ出版
〒 113-0034
東京都文京区湯島 1 丁目 12 番 6 号 高関ビル 5 B
☎ 03（5812）1178　　FAX 03（5812）1188
https://seluba.co.jp/
発　売　株式会社 創英社／三省堂書店
〒 101-0051
東京都千代田区神田神保町 1 丁目 1 番地
☎ 03（3291）2295　　FAX 03（3292）7687

印刷・製本　株式会社 丸井工文社

Printed in JAPAN
ISBN978-4-86367-397-7